Cord Arendes, Karoline Döring, Claudia Kemper, Mareike König,
Thorsten Logge, Angela Siebold, Nina Verheyen
Geschichtswissenschaft im 21. Jahrhundert

Cord Arendes, Karoline Döring, Claudia Kemper, Mareike König,
Thorsten Logge, Angela Siebold, Nina Verheyen

Geschichtswissenschaft im 21. Jahrhundert

Interventionen zu aktuellen Debatten

ISBN 978-3-11-068885-6
e-ISBN (PDF) 978-3-11-068914-3
e-ISBN (EPUB) 978-3-11-068918-1

Library of Congress Control Number: 2020935762

Bibliografische Information der Deutschen Nationalbibliothek
Die Deutsche Nationalbibliothek verzeichnet diese Publikation in der Deutschen Nationalbibliografie; detaillierte bibliografische Daten sind im Internet über http://dnb.dnb.de abrufbar.

© 2020 Walter de Gruyter GmbH, Berlin/Boston
Umschlagabbildung: DenBoma/iStock/Getty Images Plus
Druck und Bindung: CPI books GmbH, Leck

www.degruyter.com

Inhalt

Einleitung —— 1

Karoline Döring
#unbezahlt?
    Die materiellen Grundlagen geschichtswissenschaftlichen Arbeitens —— 7

Thorsten Logge
Auf Augenhöhe mit der Forschung?
    Wert und Lage der universitären Lehre —— 15

Nina Verheyen
Wer schreibt Geschichte für wen?
    ‚Fachsachbücher' in Geschichtskultur und Geschichtswissenschaft —— 27

Angela Siebold
Forschung – Lehre – Bildung!
    Zur gesellschaftlichen Verantwortung der Geschichtswissenschaft —— 37

Cord Arendes
Wissenstransfer als „Third Mission"
    Herausforderungen und Chancen für die Geschichtswissenschaft —— 47

Claudia Kemper
Zur Diskrepanz von Geschlecht und Gedöns
    Geschlechter(un)gerechtigkeit und Geschichtswissenschaft —— 57

Mareike König
Geschichte digital
    Zehn Herausforderungen —— 67

Ausblick —— 77

Die Autor*innen —— 79

Literaturverzeichnis —— 81

Einleitung

Es ist paradox: Der Geschichtsboom hält ungebrochen an. Geschichte erreicht in vielen und vor allem populären Formaten große Aufmerksamkeit. In erinnerungskulturellen und geschichtspolitischen Debatten wird immer wieder mit Geschichte argumentiert und gestritten. Geschichte gibt Orientierung in einer als unsicher wahrgenommenen Gegenwart, und sie dient in zahlreichen gesellschaftspolitischen Auseinandersetzungen der Markierung von Positionen. Geschichte kann zugleich aufklären, die Komplexität des Vergangenen und des Gewordenen erklären, Vereinfachungen entgegentreten und die Verfestigung von kollektiv gültigen Narrativen stören, indem sie Einspruch erhebt gegen verkürzende und funktionale Vereinnahmungen der Vergangenheit für gegenwärtige Zwecke.

Kurzum: Es gibt einen großen und wachsenden Markt sowie ein starkes Bedürfnis nach immer neuen und unterschiedlichen Formen von Geschichte. Obwohl also kaum jemand die gesellschaftliche Relevanz von Geschichtsdeutungen und -bildern bestreiten würde, geht es der Disziplin nicht gut. Das Schulfach Geschichte befindet sich vielerorts auf dem Rückzug, die Zahlen der Geschichtsstudierenden entwickeln sich rückläufig und die universitäre Geschichtsschreibung wirkt zuweilen losgelöst von den zahlreichen Formen populärer Unterhaltungshistoriographie und dem politischen oder medialen Umgang mit der Vergangenheit. Haben die schulische Vermittlung und die universitäre Geschichtsschreibung den Anschluss verpasst? Ist die trotz einiger Neuerungen als noch immer weitgehend textbezogen arbeitende ‚Zunft', wie sie sich selbst zuweilen nennt, nicht (mehr) in der Lage, die heute nachgefragten trans- und crossmedialen Geschichten in unterschiedlichen Erzählmodi und Präsentationsformen zu liefern? Wie kann die Geschichtswissenschaft auf dem Felde informeller historisch-politischer Bildung wirksamer werden? Wie geht die Geschichtswissenschaft mit den komplexen Herausforderungen der Digitalisierung um?

Die Frage nach dem Verhältnis von universitärer Geschichtsschreibung und Gesellschaft berührt offenbar gleichermaßen fachliche, politische und anderweitige Selbstverortungen von Historiker*innen. Das hat nicht zuletzt die Diskussion um die 2018 beim ‚Historikertag' in Münster verabschiedete „Resolution zu gegenwärtigen Gefährdungen der Demokratie" gezeigt. Seither wird vielerorts darüber gestritten, ob – und wenn ja, wie – Geschichtswissenschaft politisch sein kann oder vielleicht sogar sein muss. Über die Forderung nach ‚Neutralität' von Geschichtswissenschaft oder Wissenschaft generell lassen sich zugleich geschichtstheoretische Fragen diskutieren, denn wie neutral kann eine universitäre

Geschichtsschreibung sein angesichts der notwendigen Perspektivität der je eigenen Forschungs- und Darstellungsposition ihrer Protagonist*innen?

Doch nicht nur im Verhältnis nach außen, auch innerhalb der ‚Zunft' gärt es an vielen Stellen: An entsprechende Drittmitteleinwerbungen gebundene Forschung dominiert in den Anerkennungs- und Belohnungssystemen massiv gegenüber der Lehre. Noch immer muss für Geschlechtergerechtigkeit und Diversität und gegen prekäre Arbeitsverhältnisse entschieden gestritten werden. Die Herausforderungen an alle Forschenden, vor allem im sogenannten akademischen Mittelbau, sind immens. Nicht zuletzt haben die aktuellen und noch bevorstehenden Strukturveränderungen durch die digitale Transformation Teile der Geschichtswissenschaft noch immer nicht erreicht, werden Potentiale und notwendige Umstrukturierungsbedarfe oftmals nicht erkannt.

Die Beiträge des Bandes widmen sich wichtigen Herausforderungen der Geschichtswissenschaft im 21. Jahrhundert. Sie zeigen in pointierter Darstellung Problemlagen auf und entwickeln erste Strategien zu deren Überwindung. Sie dienen damit nicht allein der Markierung von Herausforderungen. Sie sollen ebenso wenig ein weiterer Beitrag sein zu dem in den Geisteswissenschaften ausgeprägten Lamento über die allgemein immer schlechter werdende Situation. Stattdessen wollen die Beiträge konstruktive Impulse setzen und Diskussionen anregen, die gemeinsam im Fach Geschichte und auch darüber hinaus zu führen sind. Sie richten sich an entfristete Professor*innen, deren privilegierte Stellung in besonderer Weise geeignet ist, Strukturreformen anzuschieben und diese in mittel- und langfristiger Perspektive zu tragen und voranzutreiben. Sie richten sich aber auch an den akademischen Mittelbau, der vielerorts bereits im Aufbruch ist und Neuorientierungen im Fach entschieden voranträgt und anmahnt, sowie an Studierende, die sich gerade im Fach sozialisieren. Geschichte spielt in vielen gegenwärtigen gesellschaftlichen Diskursen eine zentrale Rolle. Um sich an ihnen in Zukunft weiterhin aktiv beteiligen zu können, die eigene Reichweite zu erhalten und zugleich bestmöglich auszubauen und um sich für aktuelle und zukünftige gesellschaftliche Deutungskämpfe robust zu positionieren, müssen Herausforderungen und Probleme identifiziert, benannt und konstruktiv Lösungen gesucht werden. Dieser Band versteht sich als ein Aufschlag dazu, auf den hoffentlich weitere Diskussionen folgen werden, die dann auch über das Fach hinausgehen und Politik und die interessierte Öffentlichkeit mit einbeziehen.

Karoline Döring eröffnet den Band mit einem kritischen Blick auf die materiellen Grundlagen geschichtswissenschaftlichen Arbeitens und die paradoxe Situation, dass sich prekär beschäftigte Historiker*innen – wie überhaupt alle Forscher*innen – eigentlich keine unbezahlten wissenschaftlichen Tätigkeiten leisten können, diese jedoch ständig und in einem nicht geringen Umfang verrichten. Deren unvergütete Erledigung ist mittlerweile zur stillschweigenden

Voraussetzung dafür geworden, in der gnadenlosen Konkurrenz des derzeitigen Wissenschaftsbetriebs überhaupt eine Chance zu bekommen. Würden die Forscher*innen bei Ausbleiben der Bezahlung ihre Arbeit umgehend niederlegen, würde die weit fortgeschrittene Erosion des strukturell unterfinanzierten Wissenschaftssystems schlagartig offenbar. Die seit 2018 in den sozialen Medien unter dem Hashtag *#unbezahlt* geführte Diskussion über diese Missstände deckt außerdem eine Art Mitschuld der Forscher*innen am Zustand des Wissenschaftssystems auf: Getragen von der Hoffnung, sich gegen die hohe Anzahl gleich exzellent ausgebildeter Mitbewerber*innen im Stellenkampf durchzusetzen, stabilisieren sie es mit jeder unvergütet geleisteten Tätigkeit – unter mehr oder weniger unbewusster Inkaufnahme von negativen finanziellen, sozialen und gesundheitlichen Auswirkungen. Karoline Döring appelliert an die Forscher*innen, sich die eigenen unbezahlten Tätigkeiten bewusster zu machen, über ihre jeweiligen Funktionen im Wissenschaftsbetrieb nachzudenken und für das eigene Arbeiten die richtigen Konsequenzen daraus zu ziehen.

Mit dem Zustand und der Lage der universitären Lehre beschäftigt sich der Beitrag von **Thorsten Logge**. Die Einheit von Forschung und Lehre ist nach wie vor ein Ideal (oder Mythos) der deutschen Hochschule im Allgemeinen und der Geschichtswissenschaft im Besonderen. Im universitären Alltag fällt die Lehre jedoch häufig deutlich hinter der Forschung zurück. So wird Forschung inneruniversitär nicht nur ein erheblich höheres Prestige zugeschrieben: Formale und informelle Belohnungssysteme ermutigen geradezu, die Lehre im universitären Arbeitsalltag zurückzustellen, zu vernachlässigen und als notwendiges Übel zu betrachten – obwohl in der Regel die Hälfte der wöchentlichen Arbeitszeit von Professor*innen für Lehraufgaben zur Verfügung stehen sollte. Der Beitrag plädiert für eine Kulturveränderung, die mit einer deutlichen Aufwertung der Lehre an den Hochschulen einhergeht und ihrer schleichenden Vernachlässigung ein Ende setzt. Lehre und Forschung müssen kein Widerspruch sein. Sie können und sollten vielmehr ertragreich aufeinander bezogen werden.

Gleich drei Beiträge widmen sich aus unterschiedlichen Perspektiven der Geschichtswissenschaft als einer öffentlichen und öffentlichkeitswirksamen Disziplin. Denn Geschichte ist und war nie eine rein inneruniversitäre Veranstaltung. Nicht erst die Entwicklung und Ausbreitung der Public History als einer neuen geschichtswissenschaftlichen Subdisziplin seit den 2010er Jahren zeigt, dass universitäre Geschichte und Öffentlichkeit zusammengedacht werden müssen.

Nina Verheyen hinterfragt ein Verständnis von Wissenschaftskommunikation, demzufolge wissenschaftliches Wissen erst an der Universität autonom generiert und dann durch Museumsleute, Filmteams etc. nach ‚außen' kommuniziert wird. Denn historische Erkenntnisproduktion ist mit außerakademischen Diskursen viel enger verflochten, wie sie ausgehend von einem in diesem Rahmen oft vernachlässigten Medium diskutiert: dem Buch. So sind publizistische Sachbücher nicht bloß Orte der Popularisierung geschichtswissenschaftlichen Wissens, sondern in ihnen wird historisches Wissen auch verändert oder neu geschöpft, wobei die Geschichtswissenschaft es aufgreifen, differenzieren und akademisieren kann. Gleichzeitig ist es unter Historiker*innen schon lange üblich, sich selbst monografisch an eine breitere Öffentlichkeit zu wenden, ohne die Ansprüche des (mitlesenden) Fachs aus den Augen zu verlieren. Nina Verheyen beschreibt und begrüßt solche ‚Fachsachbücher', verstanden als Bücher mit einem doppelten Publikumsbezug, und schlägt vor, geschichtswissenschaftliches Schreiben und Publizieren sowie die darin eingelagerten Publikumsbezüge stärker zu reflektieren.

Angela Siebold fragt in ihrem Beitrag nach den aktuellen gesellschaftlichen Herausforderungen an die historische Bildungsarbeit. Dabei nimmt sie vor allem das Phänomen der zunehmenden Wissenschaftsskepsis in Verbindung mit dem Erfolg demokratiefeindlicher populistischer Bewegungen in den Blick. Sie fordert nicht nur einen höheren Stellenwert für die historisch-politische Bildungsarbeit, sondern zugleich ein größeres Engagement auch der universitären Geschichtswissenschaft. Anhand mehrerer Aspekte macht sie Vorschläge, in welchen Bereichen Historiker*innen konkret aktiv werden können. Sie zeigt auf, inwiefern Historiker*innen einen Beitrag dazu leisten könnten, der gegenwärtigen gesellschaftlichen Verunsicherung und demokratischen Destabilisierung entgegenzuwirken: Sie können aufklären, Orientierung stiften und ebenso quellen- und medienkritische Fertigkeiten und gesellschaftliche Empathie vermitteln.

Unter dem Label „Third Mission" widmet sich **Cord Arendes** in seinem Beitrag einem inner- wie außerhalb des Hochschulsystems vieldiskutierten Thema: dem Wissenstransfer. Erfolgreiche Transferaktivitäten werden nicht nur in aktuellen (hochschul-)politischen Statements gerne als Allheilmittel gegen öffentliche Reputationsverluste wissenschaftlicher Disziplinen angepriesen. Ihr Nachweis ist auch zu einem starken Kriterium bei der Vergabe von Fördermitteln avanciert. Transferaktivitäten fließen zudem in Leistungsportfolios ein und gelten als ein zusätzlicher Vergleichsmaßstab, wenn es um eine Erfolgsmessung beziehungsweise ein Ranking von Hochschulen oder von Disziplinen innerhalb einzelner Hochschulen geht. Diese Umbrüche im Wissenschafts- und Hochschulsystem stellen auch die Geschichtswissenschaft vor neue Herausforderungen, bieten ihr zugleich aber viele Chancen, nicht zuletzt im Vergleich mit anderen sozial- und geisteswissenschaftlichen Disziplinen. Die historische Profession steht dabei vor ganz unterschiedlichen Aufgaben: Sie sollte erstens einen Kriterienkatalog für erfolgreiche Transferaktivitäten diskutieren und definieren. Sie sollte zweitens vor dem Hintergrund ihres traditionell vorhandenen Öffentlichkeitsbezuges über eine diesbezügliche (Neu-)Gewichtung der Aspekte Forschung, Lehre und Transfer nachdenken und sie sollte drittens und nicht zuletzt mit Blick auf die rasante Entwicklung in den Bereichen Digitalität und digitale Medien noch intensiver über die unterschiedlichen Rollen reflektieren, die Historiker*innen in der und für die Öffentlichkeit heute einnehmen. Dass bereits erste Schritte in die notwendige Richtung erfolgt sind, hat auch damit zu tun, dass an den Rändern der Geschichtswissenschaft in den letzten Jahren neue, hybride Arbeitsfelder entstanden sind, auf denen Historiker*innen mit Vertreter*innen benachbarter Fächer die beschriebenen Aufgaben teilweise bereits angegangen sind. Diese Ansätze gilt es zukünftig in der Profession insgesamt zu diskutieren und voranzutreiben.

Den Band beschließen zwei Beiträge, die an den unterschiedlichen Themen „Gender" und „Digitalisierung" aufzeigen, dass das Fach Geschichte weiterhin an Problemen laboriert, die einen kulturellen Wandel notwendig machen. Die Herausforderungen durchdringen Lehre und Forschung auf allen Ebenen und erfordern eine zum Teil grundlegende Bereitschaft zum Umdenken und Neuausrichten, um zukunftsfähig zu bleiben.

Claudia Kemper diskutiert in ihrem Beitrag, wie die Geschlechterordnung im Fach Geschichte einzuordnen und zu bewerten ist. Die Datenlage lässt wenig Zweifel daran, dass in der Geschichtswissenschaft Machtpositionen und Einflussmöglichkeiten zwischen den Geschlechtern ungleich verteilt sind. Die offizielle politische Losung lautet zwar, diese Ungleichheit zu beseitigen – aber letztlich zeigen sich auch (oder gerade?) in der Geschichtswissenschaft Beharrungstendenzen wie sie in anderen Branchen zu beobachten sind: Eine geschlechtergerechte Arbeitssituation kann dort durchgesetzt werden, wo im Verhältnis eher wenig Macht ausgeübt wird. Mehr Förderprogramme, Quoten und Coachings werden das Problem aber nicht lösen, denn sie stehen nicht im Einklang mit einer Wertschätzung der Forschungs- und Lehrperspektive Gender und Geschlecht. Mehr noch: Wenn es um die Geschlechterperspektive geht, weist die Geschichtswissenschaft eine große Diskrepanz auf: Zwar wird seit einigen Jahren die Gleichstellungspolitik vonseiten der Hochschulen gezielt implementiert und schlagen sich deren positive Effekte auch in den Historischen Instituten und Seminaren nieder. Aber dieser Erfolg wird nichts an der strukturellen Geschlechterungerechtigkeit im Fach verändern, solange die Geschlechterthematik nicht gleichermaßen und wie andere Perspektiven auch in Forschung und Lehre verankert wird.

Welche Chancen und Herausforderungen mit den digitalen Transformationen für die Geschichtswissenschaften einhergehen, ist Thema des Beitrags von **Mareike König**. Historiker*innen profitieren genauso wie die interessierte Öffentlichkeit von einem bisher beispiellosen Online-Zugang zu Primärquellen, Literatur und Daten. Diese Sammlungen eröffnen neue Forschungswelten und unerwartete inhaltliche Verknüpfungen, trotz ihrer Einschränkungen im Hinblick auf Zugänglichkeit, Scan-Qualität und inhaltliche Dominanz der Textproduktion des globalen Nordens. Kommerzielle und Open-Source-Programme stehen bereit, um mittels qualitativer und/oder quantitativer Datenanalyse verschiedene methodische Verfahren zur Erforschung und Interpretation der Online-Quellen anzuwenden. Diese digitalen Methoden erlauben nicht nur, neue Fragen zu stellen, sondern auch, alte Fragen neu zu stellen, vorausgesetzt, man lässt sich auf eine Form des digitalen Denkens ein. Doch auch in dieser Hinsicht sind die Beharrungskräfte groß, und trotz einer zunehmend florierenden digitalen Praxis zeigen sich Teile der „Zunft" anhaltend desinteressiert oder ablehnend gegenüber den digitalen Transformationen in der Wissenschaft. Eine kritisch-konstruktive Anerkennung der Änderungen sowie notwendige Anpassungen im Hinblick darauf, wie wir Geschichte machen, lehren, kommunizieren und publizieren, bleiben darüber weitestgehend aus – zum Schaden des Fachs und zum Nachteil des Nachwuchses. So verhindert eine zögerlich-ablehnende Haltung, dass selbst durchgängig verbreitete Praktiken wie die Online-Suche nach Quellen, Literatur und Informationen in Katalogen, Datenbanken und Sammlungen kritisch auf ihre Möglichkeiten und Beschränkungen beleuchtet und methodisch reflektiert werden. Genauso schwer wiegt, dass Studierende nicht adäquat für ein digitales Arbeiten ausgebildet werden. Die Geschichtswissenschaft steht vor der Aufgabe, digitale Quellen, Methoden und Fragestellungen in die bisherigen Praktiken in Forschung und Lehre zu integrieren und sich in der Gesellschaft einer veränderten Rolle zu stellen.

Und was ist mit der Frage, inwiefern eine Pandemie in kürzester Zeit die Welt und mit ihr auch die Geschichtswissenschaft verändern kann? Die Manuskripte für dieses Buch wurden im Frühjahr 2020 eingereicht, kurz bevor es auch in Deutschland zu einem Lockdown aufgrund der Ausbreitung des COVID-19-Virus kam, und niemand von uns hat die seitdem zu beobachtenden politischen, sozialen, wirtschaftlichen und kulturellen Entwicklungen auch nur ansatzweise kommen sehen. Inzwischen wirkt es seltsam antiquiert, nicht über die Corona-Krise zu sprechen, in der globale Verflechtungen und Entflechtungen so eindrücklich ineinandergreifen. Freilich scheint in vielen Bereichen keineswegs ganz Neues zu passieren, eher werden bereits bestehende Trends und Muster verstärkt: die Digitalisierung der Lehre und der Forschungskommunikation etwa, die Risiken wie Chancen birgt, oder die noch immer ungleiche Verteilung von Care-Arbeit zwischen Männern und Frauen – um nur zwei Beispiele herauszugreifen. Auch wenn das mediale Interesse an der Corona-Krise derzeit viele andere Fragen verdeckt, müssen diese weiter diskutiert werden.

Karoline Döring
#unbezahlt?
Die materiellen Grundlagen geschichtswissenschaftlichen Arbeitens

Die materiellen Grundlagen geschichtswissenschaftlichen Arbeitens im Wissenschaftsbetrieb haben sich stark verändert. 93 Prozent der wissenschaftlichen Beschäftigten sind befristet angestellt, haben äußerst prekäre Arbeitsbedingungen[1] und nehmen wissenschaftliche Tätigkeiten auch ohne Bezahlung wahr. Letzteres rührt zum einen daher, dass die Gepflogenheiten im Wissenschaftsbetrieb für viele Aufgaben, die zum Lehr- und Forschungsalltag gehören, keine taxierbare Vergütung vorsehen. Wissenschaftliche Recherchen durchführen, Texte verfassen und herausgeben, Fachvorträge halten, Begutachtungen vornehmen, Lektorate und Textredaktionen durchführen, Studierende betreuen – all diese und mehr Tätigkeiten werden von den Forschenden im Rahmen ihrer wissenschaftlichen Beschäftigung an der Universität erwartet.[2]

Zum anderen haben sich Qualifizierungsphasen derart ausgedehnt und Qualifizierungsinhalte so entkonkretisiert, dass praktisch zu jeder Zeit jede Tätigkeit des sogenannten wissenschaftlichen Nachwuchses[3], der durch diese Umstände deckungsgleich mit den 93 Prozent gemacht wird, als Weiterqualifizierung, deklariert werden kann, in die investiert werden muss. Neben der konkreten Qualifikationsleistung sind die oben genannten Tätigkeiten zu auf unbestimmte Zeit und in prekären Arbeitsverhältnissen zu verrichtenden Selbstverständlichkeiten geworden.

---

[1] Konsortium Bundesbericht Wissenschaftlicher Nachwuchs (BuWiN) (Hrsg): Bundesbericht Wissenschaftlicher Nachwuchs 2017. Statistische Daten und Forschungsbefunde zu Promovierenden und Promovierten in Deutschland. Bielefeld, 2017. S. 29. https://www.bmbf.de/files/buwin_2017.pdf (12.03.2020).
[2] Für freiberufliche Kulturwissenschaftler*innen empfiehlt der „Bundesverband freiberuflicher Kulturwissenschaftler" folgende Stundensätze: https://www.b-f-k.de/service/info-honorare.php. Zur Freiberuflichkeit als einerseits Notnagel überlasteter Kulturbetriebe und andererseits außerakademische Berufsperspektive für Geisteswissenschaftler*innen vgl. Ramming, Jochen: Kulturwissenschaft als Dienstleistung. Zur Wertermittlung und Wertschätzung kulturwissenschaftlicher Arbeit. S. 10–14: https://www.kulturmanagement.net/dlf/064cba0f22b6b820cd57e3c815b02177,2.pdf (12.03.2020).
[3] Zum Begriff siehe: BuWiN (wie Anm. 1), S. 65–69. Ich plädiere für seine Abschaffung: Döring, Karoline: Wollen wir wirklich BeStI(e)n sein? Ein Plädoyer an und gegen „den wissenschaftlichen Nachwuchs". In: Mittelalter. Interdisziplinäre Forschung und Rezeptionsgeschichte. 13. Februar 2017. https://mittelalter.hypotheses.org/9774 (12.03.2020).

Eine wissenschaftliche Tätigkeit auszuüben bedeutet nicht unmittelbar einer sozialversicherungspflichtigen Beschäftigung nachzugehen. Aus diesem Grund unterscheide ich die beiden Begriffe nach Form und Inhalt: Wissenschaftliche Beschäftigung bedeutet eine sozialversicherungspflichtige Anstellung an einer Universität oder Forschungseinrichtung. Wissenschaftliche Tätigkeit bedeutet die Ausübung von Aufgaben in Forschung und Lehre.

Die Mehrheit der Forschenden ist mit einem Tarifvertrag beschäftigt, der sowohl eine regelmäßige wöchentliche Arbeitszeit als auch eine zeitliche Befristung der Beschäftigung und je nach Stellenprofil ein fest umrissenes Qualifikationsziel vorsieht. Demnach müssten Dienstaufgaben und Zielvorgaben zeitlich und inhaltlich konkret zu erfassen und in der vereinbarten Arbeitszeit zu erledigen und zu vergüten sein. Doch nur selten laufen die vertraglich vereinbarte dienstliche Beschäftigung und die inhaltlich auszuübende wissenschaftliche Tätigkeit, darunter die Qualifizierung, synchron. Unter dem Sammelbegriff der prekären Beschäftigung lassen sich Dauerbefristung, Kurzzeitverträge, Teilzeit-Stellen mit Vollzeit-Arbeitsumfängen, unsichere bis unmögliche Karriere- und Familienplanung, quasi-feudale Abhängigkeitsverhältnisse, systembedingte Benachteiligungen auf Grund von Geschlecht, Nationalität und sozialer Herkunft als Missstände im derzeitigen Wissenschaftsbetrieb fassen.[4]

Abgekoppelt von diesen strukturell schlechten Arbeits- und Beschäftigungsbedingungen betreibt das akademische Prekariat[5] ein eigenes wissenschaftliches Projekt und damit zugleich die wissenschaftliche Karriere weiter: Für die Habilitation wird weiter geforscht, auch wenn das Einkommen die Agentur für Arbeit überweist. Der Artikel für die renommierte Fachzeitschrift wird geschrie-

---

4 Vgl. Ullrich, Peter: Prekäre Wissensarbeit im akademischen Kapitalismus: Strukturen, Subjektivitäten und Organisierungsansätze in Mittelbau und Fachgesellschaften. In: Soziologie. 45 (2016) H. 4. S. 388–411, bes. 388–395. http://dx.doi.org/10.14279/depositonce-5919; Bauer, Christoph: Lehr- und Forschungsbedingungen heute. Prekäre Arbeitsbedingungen in Lehre und Forschung. In: Hochschule im Neoliberalismus. Kritik der Lehre und des Studiums aus Sicht Frankfurter Studierender und Lehrender. Hrsg. von Christoph Bauer u. Oliver Brüchert. Frankfurt am Main 2010. S. 53–63. https://ffmdieunibrennt.files.wordpress.com/2012/08/reader_hochschuleimneoliberalismus.pdf (12.03.2020); Laufenberg, Mike (Hrsg.): Prekäre Gleichstellung Geschlechtergerechtigkeit, soziale Ungleichheit und unsichere Arbeitsverhältnisse in der Wissenschaft. Wiesbaden 2018. Siehe auch die Auswertung der Arbeits- und Beschäftigungsbedingungen im BuWiN (wie Anm. 1), S. 125–143.

5 Zum Begriff Ohm, Britta: Exzellente Entqualifizierung. Das neue akademische Prekariat. In: Blätter für deutsche und internationale Politik. 61 (2016). H. 8. S. 109–120. Siehe auch Ullrich, Peter: In Itself, But Not Yet For Itself – Organising the New Academic Precariat. In: The Radical Left in Europe. Rediscovering Hope. Transform! Hrsg. von Walter Baier u. Eric Canepa [u. a.]. London 2019. S. 155–166. https://depositonce.tu-berlin.de/bitstream/11303/9514/3/ullrich_peter_2019.pdf (12.03.2020).

ben, auch wenn ihn das private Auffangnetz finanziert. Die Herausgebertätigkeit für den großen Wissenschaftsverlag wird übernommen, auch wenn der Dienstvertrag ausgelaufen ist. Der Vortrag bei der einschlägigen Fachtagung wird zugesagt, auch wenn nicht absehbar ist, ob zu dem Zeitpunkt ein Beschäftigungsverhältnis bestehen wird, über das Reisekosten und Teilnahmegebühr abgerechnet werden können. Mit dem Argument, dass diese Tätigkeiten der eigenen wissenschaftlichen Qualifikation und dem Aufbau fachlicher Reputation dienen, lässt sich diese immer weiter auseinandergehende Schere zwischen wechselnden vertraglichen Beschäftigungen und dauerhaften wissenschaftlichen Tätigkeiten gut begründen. Dieses Qualifizierungsnarrativ sorgt dafür, dass die Forschenden ihr wechselvolles Arbeitsleben, oder besser ihre prekäre Mobilität[6], als notwendigen und vorübergehenden Zustand aushalten. Zeiten der Arbeitslosigkeit sind für Forschende nicht zwangsläufig auch Zeiten der wissenschaftlichen Untätigkeit. Denn die von ihnen eingegangenen Verbindlichkeiten werden im großen Eigeninteresse an der wissenschaftlichen Karriere und den neoliberalen Versprechungen vom Mythos der Bestenauslese folgend selbst dann noch wahrgenommen, wenn sie im Dienstinteresse keine Entsprechung mehr finden.

Eine unerträgliche Situation ist daraus entstanden: Forschende, die wissenschaftliche Tätigkeiten im Rahmen von sozialversicherungspflichtigen Beschäftigungen an der Universität ausüben, verrichten unvergütete Mehrarbeit: Sie stehen in Teilzeitarbeitsverhältnissen, für die die Dienstaufgaben in Forschung und Lehre sowie die Anforderungen an die wissenschaftliche Qualifikation überdimensioniert sind. Regelmäßige Überstunden, Ferien- und Wochenendarbeit sind die Folge.[7] Forschende, die keiner sozialversicherungspflichtigen Beschäftigung nachgehen, Stipendiat*innen und Lehrbeauftragte verrichten wissenschaftliche Tätigkeiten bisweilen ganz ohne oder zu einer Bezahlung unter Mindestlohn und nehmen dabei die fehlende soziale Absicherung sowie eine im Vergleich zu den angestellten Lehrenden Positionierung als Lehrpersonal zweiter Klasse in Kauf.[8]

---

6 Vgl. zum Begriff Ullrich, Peter u. Reitz, Tilman: Raus aus der prekären Mobilität. In: Forum Wissenschaft. 2 (2018). http://dx.doi.org/10.14279/depositonce-7173 (12.03.2020), die prekäre Mobilität als „die durch unsichere Beschäftigungsverhältnisse erzwungene bzw. geforderte fast grenzenlose zeitliche und räumliche Verfügbarkeit der akademischen Wissensarbeiter*innen, [...]" beschreiben. Die negativen Folgen sind Zukunftsängste, Arbeitsüberlastung, Konkurrenzdruck und/oder Vereinzelung.
7 Vgl. BuWiN (wie Anm. 1), S. 135–139; Ambrasat, Jens: Bezahlt oder unbezahlt? Überstunden im akademischen Mittelbau. In: Forschung & Lehre. 2/2019. S. 152–154.
8 Die Rahmenbedingungen für die Vergabe von Lehraufträgen variieren sehr stark: Vgl. Würmann, Cord: Lehrbeauftragte. Rechtlicher Rahmen und Hintergrundinformationen. Mit einem Positionspapier der GEW. 31.07.2015. https://www.gew.de/aktuelles/detailseite/neuigkeiten/lehrbeauftragte-rechtlicher-rahmen-und-hintergrundinformationen/ (12.03.2020).

Beide Gruppen versuchen dadurch, das eigene wissenschaftliche Profil möglichst breit aufzustellen und im hart umkämpften akademischen Stellenmarkt zu bestehen.

Die Hoffnung der Forschenden, dass sie sich durch die Übernahme von unvergüteten Tätigkeiten zu einem für sie hohen Preis für die weitere wissenschaftliche Karriere im Spiel halten und von der Masse an gleichwertig exzellent ausgebildeten Mitbewerber*innen abheben, ist die Voraussetzung dafür, dass arbeitsrechtlich fragwürdiger Wildwuchs austreiben kann. Denn die unterfinanzierten Universitäten nehmen die unvergütete Arbeit bereitwillig an, da sie je nach Wissenschaftsstandort ihre Aufgaben ohne gar nicht mehr bewältigen können.[9] Sie ändern aber auch aus strategischen Gründen wenig an den schlechten Arbeits- und Beschäftigungsbedingungen.[10]

Das Thema der unvergüteten Arbeit im Wissenschaftsbetrieb entwickelte im November 2018 auf dem Mikroblogging-Dienst Twitter Brisanz, nachdem der Tweet eines Forschers die Runde gemacht hatte, der 997 Arbeitsstunden in das Schreiben eines großen Forschungsantrags investiert hatte. Viele Kolleg*innen teilten vergleichbare Erfahrungen unter dem Hashtag #unbezahlt. Er macht diese arbeitsintensiven, unvergüteten Tätigkeiten sicht- und reflektierbar.

Dass sich prekär beschäftigte Forschende auf der einen Seite keine *#unbezahlt/en* wissenschaftlichen Tätigkeiten leisten können, diese aber auf der anderen Seite regelmäßig ausüben, ist paradox. Forschende sollten sich diese Tätigkeiten bewusst machen, über ihre Funktionen in und Folgen für den Wissenschaftsbetrieb nachdenken und daraus Konsequenzen für das eigene Arbeiten ziehen. Zwar bedingen die Hierarchien und feudalen Machtstrukturen in den Geschichts- und Geisteswissenschaften, dass die Handlungsmacht zum Großteil nicht in der Hand derjenigen liegt, die den Lehr- und Forschungsbetrieb hauptsächlich tragen. Aber: „Wir sind die 93 Prozent."[11] Jede*r Einzelne von uns

---

[9] Zur Entwicklung der Hochschulfinanzierung: Dohmen, Dieter u. Wrobel, Lena: Entwicklung der Finanzierung von Hochschulen und Außeruniversitären Forschungseinrichtungen seit 1995. Endbericht einer Studie für Deutscher Hochschulverband. Berlin 2018 (12.03.2020). Zur Drittmittelförderung: Deutsche Forschungsgemeinschaft (DFG): Förderatlas 2018. Kennzahlen zur öffentlich finanzierten Forschung in Deutschland. Bonn 2018. https://www.dfg.de/sites/foerderatlas2018/ (12.03.2020).

[10] Offene und verdeckte Argumente für die weitere Befristung von Wissenschaftler*innen bei Goodwin, Bernhard: Denken wir mal über Befristungen nach. Vermeintliche Argumente gegen Dauerstellen. In: DDS. Zeitschrift der Gewerkschaft Erziehung und Wissenschaft Landesverband Bayern. September 2019. S. 3–4.

[11] „Netzwerk für Gute Arbeit in der Wissenschaft" (NGAWiss): https://www.mittelbau.net/ (12.03.2020).

hat eine Handlungsmacht, indem er*sie über den *#unbezahlt/en* Einsatz seiner*ihrer Arbeitskraft entscheidet.

Wir übernehmen:

#unbezahlt das Veröffentlichen von Monographien, Sammelbänden und Aufsätzen.
Damit werden Forschende für eines ihrer Kerngeschäfte nicht nur nicht entlohnt, sondern müssen mitunter selbst die Kosten für die Veröffentlichung aufbringen. Mit beidem mindern sie als Privatpersonen oder als mit öffentlichen Geldern finanzierte Beschäftigte das unternehmerische Risiko von Wissenschaftsverlagen und tragen zu deren Gewinn bei.

#unbezahlt das Verfassen von Rezensionen.
Damit wird die kritische Reflexion des Forschungsdiskurses zu einem unvergütet erbrachten Bestandteil der unternehmerischen Dienstleistung von Wissenschaftsverlagen. Wenn mit der Veröffentlichung in einer kostenpflichtigen Fachzeitschrift dann außerdem nur eingeschränkte Möglichkeiten für die Nutzung der eigenen Texte einhergehen, kommt zur Kosten- und Risikoverlagerung im wissenschaftlichen Publikationswesen eine Rechte- und Verwertungsschieflage hinzu. Auch das teuerste Rezensionsexemplar wiegt diese nicht auf.

#unbezahlt das Herausgeben von Sammelbänden, Zeitschriften und Jahrbüchern.
Damit werden Redaktions- und Lektoratsarbeiten an Forschende, Institutionen und Fachgesellschaften ausgelagert. Zusammen mit der Schieflage bei Kosten, Risiken und Rechten entsteht dadurch ein Ungleichgewicht unter den an der Wissensproduktion Beteiligten.

#unbezahlt das Schreiben von Anträgen.
Damit wird *#unbezahlt/e* Arbeit zur Voraussetzung für bezahlte Arbeit und die kurzfristige Personalpolitik bestärkt, die Forschende in die Situation bringt, sich selbst eigene Personalstellen durch das Einwerben von befristeten Drittmitteln zu schaffen.

#unbezahlt das Begutachten von Forschung.
Damit wird im Fall von Qualitätssicherungsmaßnahmen wissenschaftlicher Zeitschriften Arbeit für private Wirtschaftsunternehmen an Forschende ausgelagert, während die oben genannte Kosten-, Risiko- und Rechteschieflage besteht. Im Fall von Projektanträgen und Evaluationen durch Wissenschaftsorganisationen wird die kurzfristige Finanzierungspolitik von Forschung durch Drittmittel stabil gehalten.

#unbezahlt das Halten von Vorträgen.
Damit wird wissenschaftliche Expertise entwertet. Zudem verlieren prekär Beschäftigte mit dem Argument des für den Outreach von öffentlicher Forschung notwendigen, wissenschaftlichen Transfers eine weitere, wenn auch schmale Einkommensquelle und die Möglichkeit sich außerhalb des Wissenschaftsbetriebs Reputation als Expert*innen zu erwerben.

#unbezahlt das Teilnehmen an Fachveranstaltungen.
Damit werden wissenschaftlicher Austausch und Maßnahmen der Fort- und Weiterbildung zum Privatinteresse und zur Privatinvestition. Sie können schlicht nicht der Erledigung von Dienstaufgaben dienen oder Teil von Qualifikationsleistungen im dienstlichen Interesse sein, wenn Anmelde- und Kursgebühren und Reise- und Aufenthaltskosten von den Forschenden selbst zu tragen sind.

#unbezahlt das Betreuen von Studierenden.
Damit umgehen die Universitäten ihre sozialen Vor- und Fürsorgepflichten. Freiwillig unvergütet Lehrende und durch Titellehre dazu verpflichtete Privatdozent*innen werden zu unentgeltlich arbeitendem Personal, vergütete Lehrende zu Auftragnehmer*innen unter Mindestlohn, wenn Vorbereitungs-, Betreuungs- und Prüfungszeiten nicht berücksichtigt werden. Beiden fehlt darüber hinaus die soziale Absicherung durch Leistungen wie bezahlter Urlaub, Lohnfortzahlung im Krankheitsfall, Arbeits- und Sozialversicherung. Das Lehrkollegium wird zu einer Zwei-Klassen-Gesellschaft.

#unbezahlt das Forschen und Qualifizieren.
Damit wird Wissenschaft zum Hobby, zur Lebensform und zum Privileg. Mit Vollzeit-Arbeitsumfängen bei Teilzeitstellen und Arbeit an „Nicht-Arbeitstagen" werden tarifliche Bestimmungen ausgehöhlt und ein übergangsweiser Status der privaten Entscheidung einiger zur strukturellen Notwendigkeit.

Indem wir diese Tätigkeiten immer wieder selbstverständlich übernehmen, werden wir zu Kompliz*innen des Erhalts eines reformbedürftigen Wissenschaftsbetriebs, der unverantwortlich mit seiner wichtigsten Ressource, den Beschäftigten, umgeht. Oder anderes gesagt: Wir stabilisieren ein System, das uns destabilisiert. Es sollte uns jedoch möglich sein, eine wissenschaftliche Tätigkeit nicht mehr zu übernehmen oder unter Rückgriff auf Alternativen ihre Folgen einzuschränken und in diesem Punkt konsequent miteinander solidarisch zu sein.

Wir könnten:

#kostenfrei Monographien, Sammelbände und Aufsätze veröffentlichen.
... in Repositorien und auf Dokumentenservern von Hochschulen und Bibliotheken, die verschiedene Publikationsservices für Forschende ohne Gebühren und Zugangsbeschränkungen anbieten. Zugleich können wir damit die Verwertungsrechte an unseren Publikationen behalten. *#Unbezahlt/e* Arbeit sollte nicht Bestandteil von gewinnorientierter, unternehmerischer Dienstleistung, sondern Ausdruck einer öffentlichkeitswirksamen, wissenschaftlichen Kommunikation sein.

#diskursorientiert Rezensionen verfassen.
... für nicht-kommerzielle Online-Rezensionsportale und Open-Access-Fachjournale und dabei ebenfalls wie bei anderen Publikationen die Rechte am eigenen Text behalten. Die Übersicht über aktuelle Forschungsthemen und die Einordnung von Forschungsliteratur sollte ohne Gebühren zugänglich sein, um den wissenschaftlichen Diskurs transparenter, partizipativer und demokratischer zu gestalten.

#unabhängig Zeitschriften und Jahrbücher herausgeben.
... indem wir Publikations- und Redaktionsinfrastrukturen in wissenschaftlichen Einrichtungen und Fachgesellschaften nutzen oder uns an ihrem Aufbau beteiligen. Arbeiten, Kosten, Risiken und Rechte sollten unter den an der Wissensproduktion Beteiligten gerecht verteilt sein. Neue Kooperationspartner für das wissenschaftliche Publizieren im digitalen Zeitalter sind die wissenschaftlichen Bibliotheken mit einem zeitgemäßen Angebot an Publikations- und Archivierungsservices.

#selbstverständlich Honorar für Vorträge, Rezensionen und Gutachten verlangen.
... um wissenschaftliche Expertise nicht durch *#unbezahlt/e* Arbeit entwerten zu lassen und forschungsfeindliche Finanzierungslogiken weiter zu bestärken.

#entschieden Lehraufträge ablehnen.
... um gute Lehre nicht durch *#unbezahlt/e* oder unter Mindestlohn vergütete Arbeit entwerten zu lassen und bildungsfeindliche Finanzierungslogiken weiter zu bestärken.

#konsequent Arbeitszeiten erfassen.
... um *#unbezahlt/e* Arbeit sichtbar zu machen. Wissenschaftliche Tätigkeiten sollten quantitativ abschätzbar und dadurch wertschätzbar sein. Wissenschaftli-

che Qualifizierung ist nicht Privatsache, sondern liegt für eine aufgeklärte, demokratische Gesellschaft im öffentlichen Interesse. Angesichts der heutigen Herausforderungen an die Demokratie kann es sich der Wissenschaftsbetrieb nicht leisten auf intrinsisch hochmotivierte Arbeitnehmer*innen, die sich zunehmend auch gesellschaftlich als historisch-politische Bildner*innen engagieren, zu verzichten, indem er sie bis zur Arbeitsaufgabe ausbeutet.

Es ist ein Weg der kleinen Schritte und allmählichen Veränderungen, den ich vorschlage, keine Forderung von großen Maximalpositionen und Sofort-Maßnahmen. Es geht mir darum, auf lange Sicht unsere Kompliz*innenschaft bei den schlechten Arbeits- und Beschäftigungsbedingungen im Wissenschaftsbetrieb zu beenden, indem wir entscheiden, ob und in welchem Rahmen wir (besonders als prekär Beschäftigte) unsere Arbeitskraft außerhalb von vergüteten Arbeitszeiten und definierten Dienstaufgaben zur Verfügung stellen. Wenn wir immer häufiger *#unbezahlt/e* Arbeiten ablehnen, erreichen wir die für unsere Durchsetzungsfähigkeit unverzichtbare Solidarität miteinander und die kritische Masse, um die dringend notwendige Verbesserung der Arbeits- und Beschäftigungsbedingungen im Wissenschaftsbetrieb zu bewirken. Wenn sich jede*r Einzelne – in sicheren wie in prekären Arbeitsverhältnissen – frei von survivor's tales, neoliberaler Mythenbildung und systemischem Druck überlegt, ob diese *#unbezahlt/en* Tätigkeiten alternativlos sind, und beginnt, diese immer häufiger abzulehnen, erst dann solidarisieren wir uns wirklich miteinander und machen uns gemeinsam auf den Weg von *#unbezahlt* zum *#TraumjobWissenschaft*

Thorsten Logge
Auf Augenhöhe mit der Forschung?
Wert und Lage der universitären Lehre

Die „Geschichtswissenschaft als Institution, als ein ineinandergreifendes und umfassendes System von Forschung, Lehre und Präsentation der wissenschaftlichen Arbeit [ist] ein Resultat der historistischen Bemühungen um die Etablierung der Geschichte als Wissenschaft".[1] Leopold von Ranke mit seinen *Exercitationes historicae* und andere Urgroßväter der Geschichtswissenschaft wie Georg Waitz, Heinrich von Sybel oder Johann Gustav Droysen bemühten sich schon im 19. Jahrhundert darum, Forschung, Lehre und Wissenstransfer innerhalb der Disziplin sowie an politisch-gesellschaftliche Eliten in Einklang zu bringen. Sie etablierten dabei frühe Formen des forschenden Lernens durch eine gemeinsame, seminaristische Arbeit am Quellenmaterial und in der Quellenkritik.[2] In der kurzen aber intensiven Reformphase der 1960er und 1970er Jahre war die universitäre Geschichtswissenschaft in der Lehre teilweise modellbildend. In Hamburg etwa bemühten sich damalige Assistent*innen intensiv um die Projektlehre und entwickelten eine (ohne dies so zu benennen) kompetenzorientierte Einführung in die Geschichtswissenschaft.[3]

Heute gerät die Geschichtswissenschaft nicht nur an deutschen Universitäten zunehmend unter Druck. Da, wo Geschichte als Unterrichtsfach beschnitten, zurückgedrängt oder gar gleich ganz abgeschafft zu werden droht,[4] entstehen auch veränderte Bedarfslagen bei der Ausbildung von Lehramtsstudierenden. Es

---

[1] Jaeger, Friedrich u. Rüsen, Jörn: Geschichte des Historismus. München 1992. S. 67.
[2] Jaeger u. Rüsen, Historismus (wie Anm. 1). S. 67; Heimpel, Hermann: Über Organisationsformen historischer Forschung in Deutschland, in: Historische Zeitschrift. (HZ) 189 (1959). H. 3. S. 139–222.
[3] Logge, Thorsten: Vergessene Lehren? Ansätze zur Projektarbeit in der Geschichtswissenschaft an der Universität Hamburg in den 1970er Jahren. In: Projektlehre im Geschichtsstudium. Verortungen, Praxisberichte und Perspektiven (Doktorandenbildung neu gestalten 5). Hrsg. von Ulrike Senger u. Yvonne Robel [u.a.]. Bielefeld 2015. S. 32–47; Borowsky, Peter u. Vogel, Barbara [u.a.]: Einführung in die Geschichtswissenschaft I. Grundprobleme, Arbeitsorganisation, Hilfsmittel. 5. Aufl. Opladen 1989.
[4] Droste, Peter Johannes u. Bongertmann, Ulrich: Ein aktueller Überblick über den Geschichtsunterricht im föderalen System der Bundesrepublik Deutschland. https://blog.historikerverband.de/2017/07/15/ein-aktueller-ueberblick-ueber-den-geschichtsunterricht-im-foederalen-system-der-bundesrepublik-deutschland/ (09.03.2020). Siehe auch die „Gemeinsame Erklärung des VHD und des VGD zum Schulfach Geschichte". https://www.historikerverband.de/presse/pressemitteilungen/gemeinsame-erklaerung-des-vhd-und-des-vgd-zum-schulfach-geschichte.html (09.03.2020).

https://doi.org/10.1515/9783110689143-003

steht zu befürchten, dass die universitäre Geschichtswissenschaft zukünftig nicht nur deshalb weiter an Bedeutung verliert, weil sie ihren Absolvent*innen mangels sicherer Jobperspektiven für den Broterwerb fortgesetzt unattraktiv erscheint, während sie zumindest in den USA offenbar für die sozialen Oberschichten interessant bleibt.[5] Durch den Rückgang des Unterrichtsfachs Geschichte sinken zugleich auch die benötigten Deputate im Bereich der fachwissenschaftlichen Lehramtsausbildung, was sich maximal ungünstig auf die Stellentableaus für wissenschaftliches Personal in Historischen Seminaren auswirken kann.

Dabei ist die Lehre gerade im Fach Geschichte für das Geschichtsbewusstsein und die Geschichtskultur in Deutschland von herausragender Bedeutung: Hier werden die Multiplikator*innen ausgebildet, die nach dem Studium in unterschiedlichen Tätigkeitsfeldern und an herausgehobener Stelle von der Schule über das Museum bis zur Unterhaltungskultur in der Geschichtsvermittlung tätig werden und dort wesentlich an der Herausbildung und Transformation von Geschichtsbewusstsein in der Gesellschaft beteiligt sind. Die universitäre Lehre im Fach Geschichte ist und bleibt ein wichtiger Ort im Ringen um das gegenwärtige und zukünftige Geschichtsbewusstsein. Sie ist auch für die Berechnung von Stellenplänen zentral. Historische Seminare tun gut daran, ihr deutlich mehr Aufmerksamkeit zu widmen als dies bislang vielerorts der Fall ist. Die Geschichtswissenschaft kann es sich schlicht nicht leisten, die Lehre weiterhin mit der bislang vorherrschenden Geringschätzung zu behandeln.

Grundproblem: Mangelnde Wertschätzung der Lehre

Die Zahl der Studierenden in Deutschland ist seit dem Ende des Zweiten Weltkriegs stetig gestiegen. Waren in den 1950er Jahren noch deutlich weniger als 150.000 Studierende an deutschen Hochschulen eingeschrieben, so sind es heute fast 2,9 Millionen – davon rund 1,8 Millionen an Universitäten.[6] Die Zahl der Studierenden stieg dabei deutlich schneller als die Zahl der Professor*innen. Für die Betreuung von Studierenden wurde zunehmend der akademische Mittel-

---

[5] Alterman, Eric: The Decline of Historical Thinking. The New Yorker. 04.02.2019. https://www.newyorker.com/news/news-desk/the-decline-of-historical-thinking (09.03.2020).
[6] Statistisches Bundesamt (Destatis): Studierende an Hochschulen – Fachserie 11 Reihe 4.1. Wintersemester 2018/19 (Korrigierte Version vom 1. November 2019). https://www.destatis.de/DE/Themen/Gesellschaft-Umwelt/Bildung-Forschung-Kultur/Hochschulen/Publikationen/Downloads-Hochschulen/studierende-hochschulen-endg-2110410197004.html (09.03.2020).

bau zuständig. Sich verschlechternde Betreuungsquoten und überfüllte Hörsäle wurden schnell zum Signum und Stigma strukturell unterfinanzierter ‚Massenuniversitäten', in denen sich schon rein quantitativ ein kontinuierlich steigender Druck im Bereich der Lehre entwickelte.

Steigt der Anteil der Studierenden (wie auch der Abiturient*innen) an einer Alterskohorte und partizipieren immer mehr Menschen an universitärer Bildung, lässt sich durchaus positiv von einer Demokratisierung von und breiterer Partizipation an Bildung sprechen. Andererseits ändern sich mit einer zunehmend heterogenen und diversen Studierendenschaft auch die Anforderungen an die Hochschullehre, die integrative und inkludierende Ansätze in der Lehre entwickeln muss, um Bildungsprozesse für alle Studierenden zugänglich und ertragreich zu gestalten. Auch qualitativ sind die Anforderungen an die Hochschullehre in den letzten Jahrzehnten kontinuierlich gestiegen, nicht zuletzt durch die digitalen Herausforderungen.[7]

Es gäbe also angesichts der quantitativ und qualitativ gestiegenen Anforderungen an die Hochschullehre gute Gründe für die Annahme, dass diese im Laufe der Zeit einen immer höheren Stellenwert im Arbeitsalltag deutscher Professor*innen eingenommen hätte. Das Gegenteil ist der Fall. In einer 2020 veröffentlichten Umfrage gaben die Befragten an, dass sie nur rund 27 Prozent ihrer wöchentlichen Arbeitszeit für die Lehre einsetzen würden – 1977 lag dieser Anteil noch bei 42 Prozent.[8] Trotz gestiegener Studierendenzahlen und Betreuungsquoten und qualitativ gestiegener Ansprüche an die Lehre sank deren Anteil an der wöchentlichen Arbeitszeit zum Vergleichszeitraum in den 1970er Jahren um 15 Prozent. „Die Wissenschaftler leiden unter Zeitnot – und sparen bei der Lehre."[9]

Für das eigene Fortkommen in der Wissenschaft ist dieser Rückzug nachvollziehbar und scheint sogar sinnvoll zu sein. „Wenn es um Stellenbesetzungen geht, gilt die Lehre an den Fachhochschulen viel, an den Universitäten wenig."[10] Engagement in der Lehre ist für eine wissenschaftliche Laufbahn an der Universität – nach wie vor – schlicht nicht karriereförderlich und zuweilen sogar kar-

---

[7] Siehe hierzu den Beitrag von Mareike König in diesem Band.
[8] Petersen, Thomas: Forschungsfreiheit an deutschen Universitäten. Ergebnisse einer Umfrage unter Hochschullehrern. https://www.hochschulverband.de/fileadmin/redaktion/download/pdf/presse/Allensbach-Praesentation.pdf (09.03.2020). Vgl. auch Ambrasat, Jens u. Heger, Christophe: Forschung, Lehre und Selbstverwaltung – Tätigkeitsprofile in der Wissenschaft. DZHW-Brief 04 (2019) https://www.dzhw.eu/pdf/pub_brief/dzhw_brief_04_2019.pdf (09.03.2020).
[9] Wiarda, Jan-Martin: Worüber Professoren sich Gedanken machen. 13.02.2020. https://www.jmwiarda.de/2020/02/13/worüber-sich-professoren-gedanken-machen/ (09.03.2020).
[10] Wagner, Gerald: Talente für die Lehre? https://www.faz.net/aktuell/karriere-hochschule/eine-studie-zur-berufungspraxis-an-den-hochschulen-15647092.html (09.03.2020).

rierefeindlich, wenn engagierte Lehrende als naiv belächelt werden, die nicht wüssten, worauf es in der Wissenschaft wirklich ankomme. Hier zählt vor allem die Forschung.[11] Und auch das eigene Seelenheil scheint bei größeren Lehranteilen in Gefahr: „Berücksichtigt man statistisch die Lehrorientierung im Zusammenhang von Zeitverwendung und beruflicher Zufriedenheit, sind lehrorientierte wissenschaftliche Mitarbeiter tendenziell unzufriedener als jene, die ihre Präferenzen in der Forschung haben. Ein wesentlicher Grund dafür kann in der geringeren Wertschätzung der Lehre gesehen werden."[12]

Was individuell verständlich sein mag, wird strukturell schnell zum Problem: Hochschulen beziehen einen wichtigen Teil ihrer Legitimation daraus, dass sie gesellschaftliche Bildungsprozesse erfolgreich gestalten. Der gesellschaftliche Bedarf an zielführend ausbildenden Hochschulen begründet nicht unwesentlich deren staatliche Finanzierung. Studierendenzahlen und Absolvent*innenquoten sind nicht ohne Grund wichtige Indikatoren zur Berechnung des Lehrbedarfs in universitären Organisationseinheiten – und damit auch des Personalbedarfs. Steigen oder sinken Studierendenzahlen in bestimmten Studiengängen signifikant, dann wird früher oder später auch über das Stellentableau gesprochen, das wegen der hohen Befristungsquoten insbesondere im akademischen Mittelbau von den Hochschulverwaltungen relativ schnell und dynamisch neu aufgestellt werden kann – zum Leidwesen der zahllosen prekär Beschäftigten im Wissenschaftsbetrieb und um den Preis zunehmend toxischer Arbeitsverhältnisse.[13]

Es gibt wohl ein gesellschaftliches Interesse daran, dass gut ausgebildete, in unterschiedlichen Tätigkeitsfeldern möglichst unmittelbar und effizient verwendungsfähige, also ökonomisch nützliche Absolvent*innen die Hochschule (bestmöglich nach Regelstudienzeit) verlassen. Hier dient Lehre vor allem dazu, die Employability der Absolvent*innen herzustellen oder zu erhöhen. Aber auch für Vertreter*innen eines – wie auch immer mythisch aufgeladenen – humboldtschen Bildungsideals ist die Hochschullehre zentral für dessen Realisierung.

In den vergangenen Jahren wurden zahlreiche Maßnahmen ergriffen, um erkannte strukturelle Defizite in der Lehre auszugleichen oder zumindest einzudämmen. Mit dem Hochschulpakt und dem Qualitätspakt Lehre stellte der Bund den Universitäten zusätzliche Milliardenbeträge zur Verfügung. Hochschuldidaktische Angebote und Zentren wurden ausgebaut, zahlreiche Lehrprojekte durch

---

11 Kleimann, Bernd u. Hückstädt, Malte: Auswahlkriterien in Berufungsverfahren: Universitäten und Fachhochschulen im Vergleich. In: Beiträge zur Hochschulforschung. 40 (2018). H. 2. S. 20 – 46.
12 Herzog, Marius: Karriere in der Lehre? Die Lehrorientierung wissenschaftlicher Mitarbeiter und ihre Bedeutung für die Wettbewerbsarena Lehre. In: Die Hochschule. Journal für Wissenschaft und Bildung 21 (2012). H. 2. S. 233–244, S. 238.
13 Siehe den Beitrag von Karoline Döring in diesem Band.

explizit lehrbezogene Wettbewerbe und Förderprogramme ermöglicht und gefördert. Angesichts der nach wie vor ungelösten Frage nach einer auskömmlichen Grundfinanzierung der Hochschulen können insbesondere wettbewerbliche, zeitlich befristete Förderprogramme keine langfristigen strukturellen Lösungen sein: Sie binden weitere Mittel der Grundausstattung und der damit ohnehin knappen Ressourcen durch Wettbewerb, bringen aber bei Erfolg in der Regel nicht die in der Forschungsförderung üblichen Overheads. Auch dies trägt zu einer geringeren Wertschätzung lehrbezogener Fördermitteleinwerbungen deutlich bei.

Schon 2013 stellte der Stifterverband für die Deutsche Wissenschaft fest, dass die „,Charta guter Lehre' [...] ihre Wirkung nur dann voll entfalten [kann], wenn durch die Rahmenbedingungen die substanziellen Voraussetzungen für gute Lehre gewährleistet sowie das Ansehen der Lehre grundsätzlich gestärkt werden".[14] Diese grundsätzliche Stärkung wird nur erreicht werden, wenn es gelingt, eine tatsächliche Wahrnehmungs- und Kulturveränderung auf der Handlungsebene der Lehrenden herbeizuführen. Wertschätzung für die Lehre muss sich spürbar auf den wissenschaftlichen Arbeitsalltag auswirken, um nachhaltig wirksam werden zu können. Erst dann, wenn Engagement für Forschung und Lehre gleichermaßen gewürdigt und gefördert werden und sich dies spürbar positiv auf wissenschaftliche Karrierewege auswirkt, ist damit zu rechnen, dass ein Engagement in der Lehre als tatsächlich lohnend wahrgenommen und für die Studierenden auch gewinnbringend umgesetzt wird. Wie lässt sich das Ansehen der Lehre grundsätzlich stärken?

Lehrzeiten ehrlich berechnen

Die Bundesländer regeln den Umfang der Hochschullehre in Lehrverpflichtungsverordnungen. In ihnen wird festgelegt, welches Lehrdeputat für welche Lehrenden gilt und damit indirekt auch, wie viel Arbeitszeit für die Lehre einzusetzen ist. Ich beziehe mich nachfolgend auf die Hamburger Lehrverpflichtungsverordnung, das Beispiel lässt sich aber leicht auf andere landesrechtliche Regelungen übertragen, zumal die konkreten Zahlen nicht erheblich voneinander abweichen.

An der Universität Hamburg liegt das höchstmögliche regelhafte Lehrdeputat für wissenschaftliche Mitarbeiter*innen bei 16 Lehrveranstaltungsstunden (LVS)

---

[14] Jorzik, Bettina (Hrsg.): Charta guter Lehre. Grundsätze und Leitlinien für eine bessere Lehrkultur. Essen 2013. S. 93.

pro Semester.¹⁵ Jede Lehrveranstaltungsstunde schlägt mit 6,25 Prozent der wöchentlichen Arbeitszeit zu Buche. In ‚echter' Zeit sind das (bei einer 40-Stunden-Woche) wöchentlich rund 2,5 Stunden, unabhängig davon, ob gerade Vorlesungszeiten sind oder nicht. Für eine Stunde Lehre dürfen und sollen also zweieinhalb Stunden Arbeitszeit eingesetzt werden. Eine Standard-Lehrveranstaltung hat zwei LVS, für die demnach fünf Stunden wöchentlicher Arbeitszeit einzusetzen sind. Wer in Hamburg auf einer vollen Stelle 16 LVS lehrt, der verbringt 100 Prozent seiner wöchentlichen Arbeitszeit damit, Lehrveranstaltungen vorzubereiten, durchzuführen und nachzubereiten.¹⁶ Alles, was daneben oder darüber hinaus passiert, ist *#unbezahlt*.¹⁷

Professor*innen an der Universität Hamburg haben regelhaft ein Lehrdeputat von neun, befristet auf halben Mitarbeiterstellen angestellte Doktorand*innen von zwei LVS.¹⁸ Lehrdeputatsreduktionen sind zwar grundsätzlich möglich, die durchschnittliche Lehrverpflichtung aller Professor*innen an der Universität Hamburg durchschnittlich soll aber neun LVS betragen.¹⁹ Somit kommen Professor*innen an der Universität Hamburg durchschnittlich also auf einen Anteil von 56,25 Prozent, der von der wöchentlichen Arbeitszeit für die Lehre vorzuhalten wäre.²⁰ Die liegt übrigens bei verbeamteten Professor*innen bei definierten 40 Stunden wöchentlich, auch wenn die wissenschaftsinternen Heldenmythen und leider auch Realitäten anderes erzählen und realistisch von Wochenarbeitszeiten auszugehen ist, die bei weit über 50 Stunden liegen.²¹ 22,5 Stunden pro Woche sollen also für die Lehre verwendet werden, unabhängig davon, ob gerade Vorlesungszeit ist oder nicht. Rein rechnerisch ergibt sich hier sogar ein deutliches Ungleichgewicht zugunsten

---

15 §10 (5) Lehrverpflichtungsverordnung für die Hamburger Hochschulen (LVVO) vom 21. Dezember 2004.
16 Diese Berechnung steht im Einklang mit der Rechtsprechung. Vgl. BVerfG, Beschluss vom 8. Februar 1984 – 1 BvR 580/83 –, BVerfGE 66, 155–190.
17 Siehe hierzu auch den Beitrag von Karoline Döring in diesem Band.
18 §10 (1) LVVO.
19 §10 (3) LVVO.
20 Der Verwaltungsgerichtshof Baden-Württemberg kommt unter Berücksichtigung des Jahresurlaubs bei 9 LVS auf 53,45 Prozent der wöchentlichen Arbeitszeit. Vgl. VGH Baden-Württemberg, Urteil vom 23.5.2006 – 4 S 1957/04, 49.
21 §61 (1) Hamburgisches Beamtengesetz (HmbBG); §1 (1) Verordnung über die Arbeitszeit der Beamtinnen und Beamten (ArbZVO). Schomburg, Harald, Choni Flöther [u.a.]: Wandel von Lehre und Studium an deutschen Hochschulen. Erfahrungen und Sichtweisen der Lehrenden. Kassel 2012. S. 39. https://www.hrk-nexus.de/uploads/media/HRK_nexus_LESSI.pdf (09.03.2020); Weihs, Claus u. Hernández Rodríguez, Tanja [u.a.]: Arbeitszeiten von Professorinnen und Professoren in Deutschland 2016. In: AStA Wirtschafts- und Sozialstatistisches Archiv 12 (2018). https://doi.org/10.1007/s11943-018-0227-y (09.03.2020).

der Lehre, da von den restlichen 43,75 Prozent Arbeitszeit ja nicht nur Forschung, sondern auch Verwaltung, Gremienarbeit und anderes zu bestreiten wären.

Die hier rechnerisch ermittelte Zeit für Lehre wird wohl tatsächlich in keinem Fall erreicht, das zeigt nicht nur die aktuelle Allensbach-Umfrage.[22] Im Arbeitsalltag ist die Verteilung eher umgekehrt: So umfassen „forschungsnahe Tätigkeiten wie Betreuung des Wissenschaftlichen Nachwuchses, Drittmitteleinwerbung, Forschung und Publikation sowie Ausrichten und Besuch von Tagungen rund 60 Prozent der Arbeitszeit, rund 23 Prozent der Arbeitszeit werden für Lehre und Betreuung und Prüfung von Studierenden verwendet und rund 17 Prozent für administrative Tätigkeiten".[23] Tatsächlich wird im universitären Lehr- und Forschungsalltag nur in den seltensten Fällen mehr als die Hälfte der wöchentlichen Arbeitszeit für Lehre eingesetzt werden. Warum? Weil für Berufungen und akademisches Prestige die Forschung und die Einwerbung von overheadfähigen Drittmitteln und nicht gute Lehre ausschlaggebend sind.

Über die Berechnung der eigentlich für Lehre vorgesehenen Arbeitszeit ließe sich innerhalb wie außerhalb der Universität ein höheres Bewusstsein dafür schaffen, welchen tatsächlichen Anteil Lehre am individuellen wöchentlichen Zeitbudget gegenwärtig hat oder zu haben hätte. Hochschulen müssen die lehrbezogenen Arbeitszeitanteile deutlicher ausweisen und ihre Lehrenden anhalten und motivieren, die vorgegebenen Zeiten für die Lehre auch tatsächlich aufzubringen. Und der Anteil der Lehre kann und muss neu justiert werden: Neun LVS sind deutlich zu hoch und es spricht nichts dagegen, realistischere und ausgewogenere Verhältnisse zwischen Forschung, Lehre und Verwaltung einzufordern. Keine Lösung scheint mir die gegenwärtig gelebte Praxis im universitären Alltag, stillschweigend Zeit einzusparen, wo es (vermeintlich) am wenigsten kostet, die Kontrolle gering ist und der Widerstand ausbleibt.

Expertise aufbauen lassen und halten

Der Aufbau von Expertise in der Lehre hängt unmittelbar damit zusammen, dass die zum Teil sehr unterschiedlichen lokalen Strukturen und Bedingungen des Lehrens und Lernens aufwändig erschlossen, verstanden und in die Gestaltung der eigenen Lehrpraxis überführt werden müssen. Dafür müssen Prüfungs- und

---

[22] Böhmer, Susan u. Neufeld, Jörg [u.a.]: Wissenschaftler-Befragung 2010. Forschungsbedingungen von Professorinnen und Professoren an deutschen Universitäten. iFQ-Working Paper No. 8. Berlin 2011. S. 129. http://www.forschungsinfo.de/publikationen/download/working_paper_8_2010.pdf (09.03.2020).
[23] Weihs, Hernández Rodríguez, Arbeitszeiten (wie Anm. 21), S. 165.

Studienordnungen, Modulhandbücher oder fachspezifische Bestimmungen ebenso durchdrungen werden wie persönliche und institutionelle Netzwerke, technische Infrastrukturen und die konkrete Lehr- und Prüfungspraxis der Organisationseinheit, in der gelehrt werden soll. Expertise in diesen Bereichen aufzubauen kostet allerdings Zeit, die angesichts der vollständig aus dem Ruder gelaufenen Befristungspraxis an deutschen Hochschulen kaum gegeben ist.

Hochschullehre, so eine offenbar stillschweigende Annahme, kann irgendwie jede*r, die/der schon einmal selbst in einem Seminar gesessen hat. So werden an einigen Hochschulen frisch in die Promotionsphase startende Doktorand*innen als wissenschaftliche Mitarbeiter*innen mit Lehrverpflichtung über Nacht zu Lehrenden, ohne dass sie zuvor eine zumindest grundlegende hochschuldidaktische Qualifizierungsmaßnahme durchlaufen haben. Wir leisten uns gerade in der Geschichtswissenschaft einen ungeheuren Aufwand mit jahrelangen Ausbildungs- und Sozialisationswegen, zahlreichen Prüfungen und Evaluationen auf allen Qualifikationsstufen, um für eine (seltene) Tätigkeit in der Forschung auszubilden – eine Vorbereitung auf Lehrtätigkeiten findet dabei in aller Regel keinen Platz. Sich für diese zu qualifizieren liegt in der Verantwortung des Einzelnen und ist häufig Privatvergnügen. Eine fachliche, die Lehrenden konstruktiv begleitende Qualitätssicherung unterbleibt. Deutlicher kann die Geringschätzung der Lehre kaum zum Ausdruck gebracht werden.

Die vom Wissenschaftsrat geforderte „systematische Qualifizierung" für Lehraufgaben, die Einrichtung von Weiterbildungsangeboten und der Auf- oder Ausbau hochschuldidaktischer Zentren sind grundsätzlich zu begrüßen.[24] Sie zielen allerdings – wie auch Lehrpreise und Preise für innovative Lehrprojekte – häufig auf ohnehin schon engagierte Lehrende. Das eigentliche Problem bleibt, dass diese Aktiven wegen Befristung und Fluktuation häufig nicht strukturbildend auf ihr Lehrumfeld wirken können. Nicht die Förderung einzelner Lehrender mit bereits vorhandenen Kompetenzen in diesem Bereich ist sinnvoll. Entwickelt werden muss die Lehre auf der Ebene aller lehrbeteiligten Organisationseinheiten einer Universität. Die Forderungen des *fzs – freier zusammenschluss von student*innenschaften*, „dass die Voraussetzungen und Kompetenzen für gute Lehre an der Hochschule institutionell verankert werden"[25] müssen, ist deshalb richtig.

---

[24] Wissenschaftsrat (Hrsg.): Strategien für die Hochschullehre. Positionspapier. Halle (Saale) 2017. S. 24. https://www.wissenschaftsrat.de/download/archiv/6190-17.pdf;jsessionid=808EF43CBF6894886D90A1724BDCC84D.delivery2-master?__blob=publicationFile&v=3 (09.03.2020).

[25] Lamprecht, Marcus: Qualitätspakt Lehre weiterentwickeln, Lehre stärker wertschätzen. Beschluss der 61. Sitzung des Ausschusses der Student*innenschaften (AS) des fzs am 7. April 2019. https://www.fzs.de/2019/05/04/qualitaetspakt-lehre-weiterentwickeln-lehre-staerker-wertschaetzen/ (12.03.2020).

Lehrpersonen langfristig zu halten, ihre Lehrkompetenzentwicklung als Teil einer – übrigens auch für Professor*innen sinnvollen – Personalentwicklungsstrategie zu verstehen, ist eine wichtige Zukunftsaufgabe von Hochschulen. Erst eine längerfristige Bindung an einen Hochschulstandort ermöglicht es überhaupt, Lehrveranstaltungsevaluationen sinnvoll für die Entwicklung der eigenen Lehrpersönlichkeit einzusetzen, etwa indem diese mit Coaching- und Fortbildungsangeboten verbunden werden, um einen Entwicklungsprozess anzustoßen und umzusetzen. Von diesem sollten die Hochschulen profitieren. Das geht nur, wenn die Lehrenden längerfristig gebunden werden.

Anreiz- und Belohnungssysteme für Lehre ausbauen

Es gibt zahlreiche Belohnungssysteme für Forschungsaktivitäten, zu ihnen gehören auch die Maßnahmen der leistungsorientierten Mittelvergaben. Diese sind zwar grundsätzlich für Lehre und Forschung einsetzbar, werden jedoch häufig schwerpunktmäßig für Engagement in forschungsbezogenen Handlungsfeldern ausgelobt und verteilt. Diese Mittel, die als Werkzeug des New Public Management (NPM) eingeführt wurden, setzten bei der Besoldung von Professor*innen an die Stelle des Senioritätsprinzips eine Kombination von Grundgehalt und Leistungszulagen und dienen dazu, Konkurrenz und „Leistungs"orientierung auch in den Hochschulen deutlich zu stärken. Wenn darauf zum gegenwärtigen Zeitpunkt nicht verzichtet werden kann oder soll, dann könnten Hochschulen, die Lehre besserstellen wollen, die leistungsorientierte Mittelvergabe zumindest stärker dafür nutzen, auch lehrbezogenes Engagement zu belohnen und auf eine Wertschätzungsebene mit der Forschung zu heben.[26] So könnten beispielsweise Teilnahmen an Lehrveranstaltungsevaluationen mit anschließendem Coaching, der Besuch einschlägiger hochschuldidaktischer Fortbildungen, Co-Teaching, interdisziplinäre Lehre, Publikationsaktivitäten im Bereich der jeweiligen fachbezogenen Hochschuldidaktiken, Teilnahme an Lehrexperimenten, Studiengangsentwicklungen usw. schon heute meist unkompliziert in die Leistungskataloge für die Verteilung leistungsorientierter Mittel aufgenommen werden. Dies würde den tatsächlichen Wert eines Engagements in der Lehre spürbar und sichtbar steigern.

Promovierende und Lehrende in den ersten Semestern ihrer akademischen Laufbahn müssen in ihre Dienstaufgaben integrierte Möglichkeiten zur struktu-

---

26 Müller-Hilke, Brigitte: Leistungsorientierte Mittelvergabe: Mehr Geld zur Lehre lenken. In: Deutsches Ärzteblatt. 110 (2013). H. 50. S. A2418–A2420.

rierten Qualifizierung in der Hochschullehre erhalten, um überhaupt erst in die Lage versetzt zu werden, ein eigenes Lehrprofil und die zugehörigen Kompetenzen zu entwickeln. Es wäre ein wichtiges und richtiges Zeichen, wenn Lehrverpflichtungen auch durch den Besuch hochschuldidaktischer Fortbildungen erfüllt werden könnten. Eine solche Regelung wäre nicht nur für Einsteiger*innen sinnvoll, auch entfristete Professor*innen könnten davon etwa in Form eines Fortbildungsdeputats profitieren, das Lehrende auf allen Qualifikationsstufen in die Lage versetzen würde, die für gute Lehre notwendigen hochschuldidaktischen Kompetenzen im Rahmen ihrer Dienstzeit und nach eigenen Bedürfnissen zu erwerben. Lehre ist nämlich kein Produkt, sondern ein Prozess, der auch den Lehrenden stets zum neuen Lernen anregt – denn „nur so lange man weiter lernt, kann man lehren".[27]

Lehrdeputate und Arbeitszeitanteile ausweisen lassen

Bei der Begutachtung von Forschungsanträgen spielt die real vorhandene Arbeitszeit bislang kaum eine Rolle. In der Regel wird bei der Begutachtung von Forschungsvorhaben nicht geprüft, ob verplante Arbeitszeiten auch tatsächlich zur Verfügung stehen. Bei Professor*innen in Hamburg etwa wären rein rechnerisch nur noch rund 17,5 Stunden pro Woche verfügbar, der Rest wäre zunächst durch Lehre gebunden. Da aber Lehrzeiten bei Begutachtungen weder geprüft noch angemessen berücksichtigt werden, lassen sie sich auch gefahrlos bei Projektplanungen unterschlagen. Kommt es im Projektverlauf dann zu Engpässen, wird eben notgedrungen bei der Lehre gespart.

Im Sinne einer Aufwertung der Lehre wäre es sinnvoll, bei allen Anträgen auf drittmittelfinanzierte Forschungsförderung den definierten Lehranteil aller Beteiligten an der wöchentlichen Arbeitszeit explizit ausweisen zu lassen und die Einhaltung dieses Anteils zum notwendigen Kriterium für eine Bewilligung zu erklären. Sind für ein Forschungsprojekt seitens der Hochschule Lehrdeputatsreduktionen vorgesehen, so ließen sich diese bereits im Vorfeld einer Antragstellung unkompliziert klären und schriftlich bescheinigen. Auch bei der Prüfung von Projektabschlüssen ist die Einhaltung der Lehrzeiten als zusätzliches Krite-

---

27 Droysen, Johann Gustav: Über die wissenschaftlich-praktischen Studien der Studenten an den deutschen Universitäten vorzüglich im Fach Geschichte (1869). In: Historik. Historisch-kritische Ausgabe. Hrsg. von Peter Leyh u. Horst Walter Blanke. Band 2.2. Stuttgart-Bad Cannstatt 2007. S. 497–510, S. 501.

rium einzubeziehen, um deren tatsächlichen Schutz zu erwirken. Richtig überzeugend würde diese nach gegenwärtigen Arbeitsrealitäten utopische Vorstellung einer realistischen, umsetzbaren und fairen Projektplanung übrigens erst durch eine konsequente Prüfung der gesetzlich vorgeschriebenen Arbeitszeiten in Projektanlage und -durchführung. Dass damit der allergrößte Teil der gegenwärtig bewilligten und laufenden Projekte im Wissenschaftsbetrieb nicht mehr durchführbar wäre, das wissen die gutachtenden Professor*innen natürlich auch. Ihnen die Entscheidung zu überlassen, ob Lehrzeiten zu berücksichtigen sind oder nicht, ist daher vielleicht nicht die beste Idee. Hier sind Politik und Projektträger gefragt, die notwendigen Rahmenbedingungen zu schaffen.

Lehrbezogene Drittmittelprojekte mit Overheads ausstatten

Noch ist unklar, ob, wann und in welcher Gestalt es zur Gründung einer deutschen Lehrgemeinschaft kommen wird, und ob diese – ähnlich wie die DFG – eine umfassende und strukturrelevante Förderung der Lehre ermöglichen könnte.[28] Notwendig wäre in jedem Fall, die Förderung von Lehrprojekten mit der Auszahlung von Overheadmitteln zu verknüpfen. Nur die Bereitstellung overheadfähiger Drittmittel für Lehrprojekte schafft ernst zu nehmende Anreize für Hochschulen, Fakultäten und Fachbereiche, lehraffine Mitarbeiter*innen zur Entwicklung von Projekten und Anträgen zu motivieren. Die Angleichung der Förderung von Forschung und Lehre auch im Bereich der Overheads kann erheblich dazu beitragen, das Prestige der Lehre zu erhöhen. Der größte Reiz bestünde dann darin, die häufig behauptete, aber selten gelebte Einheit von Forschung und Lehre auf Augenhöhe zu realisieren – zum Beispiel im Format des forschenden Lernens, das in der Geschichtswissenschaft eine besondere Tradition hat und die Entwicklung der Forscher*innenpersönlichkeit in den Mittelpunkt der Lehre stellt.

---

28 Reinmann, Gabi: Wettbewerb?! Die geplante Organisation für Innovationen in der Hochschullehre. In: Forschung & Lehre. 9/2019. S. 812.

Nina Verheyen
Wer schreibt Geschichte für wen?

‚Fachsachbücher' in Geschichtskultur und Geschichtswissenschaft

Wissenschaftskommunikation ist in aller Munde oder zumindest ist sie wie lange nicht eine Forderung der deutschen Politik. 2019 veröffentlichte das Bundesministerium für Bildung und Forschung (BMBF) ein Grundsatzpapier zu diesem Thema, welches das Aufgabenspektrum der Wissenschaften dezidert über den klassischen Bereich von Forschung und Lehre hinaus dehnt. Die Suche „nach Dialog" und überhaupt die „öffentliche Kommunikation mit und über Wissenschaft" wird zu deren ureigensten Aufgaben zählt. Zwar habe die Wissenschaft ihre Bemühungen in diesem Bereich in „den vergangenen Jahren" bereits erhöht, Wissenschaftskommunikation habe sich im Wissenschaftssystem etabliert, und Forschungsfördergelder würden inzwischen an entsprechende Kriterien gebunden. Aber das reicht dem Ministerium noch nicht aus. Es entwickelt präzise Vorgaben, wie die Wissenschaftskommunikation weiter gestärkt und professionalisiert werden kann.[1]

Mit der Public History ist die Geschichtswissenschaft für das Interesse an Wissenschaftskommunikation zumindest im Vergleich zu anderen Disziplinen gut aufgestellt[2], aber gerade aus geschichtswissenschaftlicher Sicht werden auch problematische Prämissen offenbar. So schwingt im Ruf nach mehr Wissenschaftskommunikation mitunter die Vorstellung mit, an der Universität würde Wissen erst autonom generiert, um dann in einem zweiten Schritt nach ‚außen' vermittelt zu werden.[3] Dieses Bild mag heuristisch je nach Fragestellung sinnvoll sein, und in differenztheoretischen Analysen erweist es sich durchaus als fruchtbar.[4] Aber zumindest für die Geschichtswissenschaft ist es auch stark ver-

---

[1] Bundesministerium für Bildung und Forschung (BMBF) (Hrsg.): Grundsatzpapier des Bundesministeriums für Bildung und Forschung zur Wissenschaftskommunikation. Berlin 2019. https://www.bmbf.de/upload_filestore/pub/Grundsatzpapier_zur_Wissenschaftskommunikation.pdf (05.02.2020). Zitate S. 2. Für Hinweise danke ich neben den anderen Autorinnen in diesem Band Ines Barner, Tobias Becker, Martina Franzen, Michael Homberger und Friedrich Jäger.
[2] Vgl. Lücke, Martin u. Zündorf, Irmgard: Einführung in die Public History. Göttingen 2018.
[3] Zu verschiedenen Verständnissen von Wissenschaftskommunikation siehe aktuell Leßmöllmann, Annette [u.a.] (Hrsg.): Science Communication. Boston u. Berlin 2020.
[4] Vgl. Franzen, Martina [u.a.]: Exploring the Impact of Science Communication on Scientific Knowledge Production: An Introduction. In: The Sciences' Media Connection – Public Commu-

kürzend, ja, irreführend. Denn historische Erkenntnisproduktion an der Universität ist mit außerakademischen Formen der Geschichtsreflexion, der Geschichtserzählung und des Geschichtsbewusstseins, mit „Geschichtskultur" im umfassenden Sinne[5], permanent auf das Innigste verbunden. Und das ist keineswegs Ergebnis jüngeren medialen Wandels oder des Geschichtsbooms, wie im Folgenden anhand eines Mediums diskutiert werden soll, das in diesem Rahmen oft vergessen wird[6], und über das Historikerinnen[7] mit der Öffentlichkeit schon lange in intensivem Austausch stehen: dem gedruckten Buch. Dabei wird es weniger um Fachbücher gehen, sondern um Sachbücher und vor allem um ‚Fachsachbücher' – eine schillernde Spezies mit Tradition, die expliziterer Beachtung bedarf.

Sachbücher als Impuls, Thema und Praxis der Geschichtswissenschaft

‚Sachbuch' ist ein „Hybridbegriff", wie der Buchwissenschaftler David Oels konstatiert[8], freilich einer, der auf dem deutschsprachigen Buchmarkt einen festen Ort hat. Denn die Verlage sind angehalten, ihre Bücher der Branche gegenüber einer bestimmten Warengruppe zuzuordnen und eine davon ist das „Sachbuch", zu unterscheiden von der Literatur ebenso wie vom „Fachbuch" und vom „Ratgeber". Dazu definiert der Börsenverein des Deutschen Buchhandels Sachbücher als „wissensorientiert mit primär privatem Nutzwert". Es geht um Bücher, die nach Einschätzung des jeweiligen Verlags nicht-fiktional sind, die eine weite und offene, jedenfalls nicht-professionelle Leserschaft adressieren, was sie vom

---

nication and its Repercussions. Sociology of the Sciences Yearbook. 28 (2011). Hrsg. von Martina Franzen [u. a.]. https://doi.org/10.1007/978-94-007-2085-5_1 (07.03.2020).
5 Siehe einführend zu dem von Jörn Rüsen geprägten Konzept Sandkühler, Thomas u. Blanke, Horst Walter (Hrsg.): Historisierung der Historik. Jörn Rüsen zum 80. Geburtstag. Köln 2018.
6 Vgl. Franzen, Martina u. Rödder, Simone: Die Herstellung und Darstellung von Wissen unter Medialisierungsbedingungen. Eine vergleichende Betrachtung von Mathematik, Zeitgeschichte und Molekularbiologie. In: Neue Governance in der Wissenschaft. Reorganisation – externe Anforderungen – Medialisierung. Hrsg. von Edgar Grande [u. a.]: Bielefeld 2013. S. 337–361.
7 In diesem Beitrag wird die weibliche Form für beide Geschlechter verwendet.
8 Oels, David: „.... was ein Sachbuch eigentlich ist". Mainz 2013. S. 14. https://publications.ub.uni-mainz.de/opus/volltexte/2013/3536/pdf/3536.pdf (05.02.2020).

Fachbuch abgrenzt, und die gleichzeitig im Gegensatz zu einem Ratgeber mehr liefern als praktische Orientierungshilfe.⁹

Solche Werke werden mehrheitlich von Publizistinnen verfasst. Es wäre aber zumindest bei historischen Themen verkürzend, von Texten auszugehen, in denen Dritte ein an der Universität generiertes Wissen für die Öffentlichkeit vereinfachen oder narrativieren. In ihnen wird historisches Wissen auch transformiert und es wird gleichzeitig neu geschöpft. Folglich ist jeweils zu untersuchen, inwiefern es überhaupt um eine Popularisierung wissenschaftlichen Wissens geht, wie sich die Autorinnen gegenüber der Wissenschaft verorten und inwiefern ihre Darstellungen nachträglich eine Akademisierung erfahren, ob diese also in Fachdiskursen aufgegriffen, differenziert, vielleicht sogar weitergetrieben werden.¹⁰ Immer wieder haben publizistische Sachbücher dem Fach jedenfalls wichtige Impulse gegeben – zum Glück. Denn gute Ideen entstehen ja nicht nur an der Universität, um spannende Quellen zu finden, braucht man keine akademische Affiliation und schreiben können gerade Publizistinnen nun einmal ziemlich gut.¹¹

Sachbücher sind aber außer Impuls und Untersuchungsgegenstand auch *Praxis* der Geschichtswissenschaft. Universitätshistorikerinnen schreiben selbst Sachbücher – jedenfalls der Nomenklatur der Verlagswelt folgend. Auf den Internetseiten von Verlagen wie beispielsweise C. H. Beck, S. Fischer, Suhrkamp, Hanser, Rowohlt, Klett-Cotta, Piper oder Wagenbach, um nur eine schmale Auswahl zu nennen, findet man unter der Rubrik „Sachbuch" neben Monographien von Publizistinnen auch solche von Universitätshistorikerinnen. Deren Werke stehen manchmal außerdem auf den noch jungen deutschsprachigen Sachbuchbestenlisten oder sie werden für die wachsende Zahl von Sachbuchpreisen nominiert. Alles das sind Indizien für ein großes mediales, auch gesellschaftli-

---

9 Vgl. Börsenverein des deutschen Buchhandels: Verleger-Ausschuss: Warengruppensystematik neu (WGSneu) – Version 2.0. Einheitlicher Branchenstandard ab 1. Januar 2007. Stand: 16. 07. 2006. S. 2. https://vlb.de/assets/images/wgsneuversion2_0.pdf (05. 02. 2020).
10 Vgl. Nissen, Martin: Historische Sachbücher – Historische Fachbücher: Der Fall Werner Maser. In: History goes Pop. Zur Repräsentation von Geschichte in populären Medien und Genres. Hrsg. von Barbara Korte [u. a.] Bielefeld 2009. S. 103 – 120; ders.: „Wir, die Historiker und Biographen". Zur Gattungspoetik des historischen Sachbuchs. In: Sachbuch und populäres Wissen im 20. Jahrhundert. Hrsg. von Andy Hahnemann u. David Oels. Frankfurt am Main 2008. S. 39 – 51; Hardtwig, Wolfgang u. Schütz, Erhard (Hrsg): Geschichte für Leser. Stuttgart 2005.
11 Zu denken ist neben vielen anderen etwa an Carola Stern, Wolfgang Schivelbusch, aber auch an den besonders provozierend auftretenden und umstrittenen Götz Aly. Siehe Leo, Per: Der Narr von eigenen Gnaden. Götz Aly und die deutsche Geschichtswissenschaft. In: Ästhetik und Kommunikation. 129/130 (2005). S. 185 – 193.

ches Interesse am Sachbuch, ein Interesse, das zumindest die Geschichtswissenschaft durchaus erfolgreich bedient.[12]

Freilich spricht die Zunft selbst mit Blick auf diese Bücher gar nicht von Sachbüchern, sondern ganz konventionell von Fachbüchern oder einfach von Monographien, die gleichsam zusätzlich zum Fach ein öffentliches Publikum suchen oder finden. Diese von verlegerischen Praktiken abweichende Etikettierung ist aus fachinterner Sicht durchaus konsequent. Denn das Label ‚Sachbuch' wird in der Disziplin vor allem für jene bereits erwähnten historischen Bücher reserviert, die aus dem Journalismus stammen, während das als höherwertig wahrgenommene Etikett ‚Fachbuch' jene Werke schmückt, die an der Universität selbst verfasst werden. Dazu passend definiert eine aktuelle Einführung in die Public History Sachbücher als „textgebundene Medien", denen es nicht um Nachweise von Fachlichkeit gehe, sondern „nur darum, einen bestimmten historischen Gegenstand adressat*innengerecht darzustellen", wobei ein außerakademisches Publikum anvisiert werde und sich Sachbücher „an Marktmechanismen der Verlage" statt an den Kriterien der Wissenschaft orientierten.[13] Diese Dichotomisierung ist etwas verkürzend, sie verweist aber auf wichtige Differenzen zwischen Fach- und Publikumsverlagen. Erstere finanzieren sich maßgeblich über die von Autorinnen eingeworbenen Druckkostenzuschüsse, letztere zahlen den Autorinnen genau umgekehrt ein Honorar, und sie sind unternehmerisch auf den Verkauf ihrer Produkte im regulären Buchhandel dringend angewiesen. Darüber hinaus ist die Zuordnung des Sachbuchs zum Markt *statt* zur Wissenschaft typisch für eine historische gewachsene Ausschließungs- und Abwertungstendenz. Als sich das Wort ‚Sachbuch' in der deutschen Nachkriegszeit etablierte, schien es nicht nur auf etwas anderes zu verweisen als Literatur und Wissenschaft, sondern auch auf weniger. Jedenfalls galt diese Perspektive in Literatur und Wissenschaft selbst, in denen das Wort Sachbuch bis heute einen pejorativen Klang hat.[14]

Folglich darf man es durchaus als eine geschickte Vermarktungsstrategie lesen, dass Detlev Felken, der Chef-Lektor vom Verlag C. H. Beck, das Wort ‚Sachbuch' regelrecht umging, als er vor rund anderthalb Dekaden vor Historikerinnen für das ‚mittlere Buch' warb, ermöglicht nur durch eine Allianz von Fachwissenschaft, Verlagswelt und Journalismus. Dieses Buch, so Felken, liege

---

12 Vgl. aktuell Hitzer, Bettina: Krebs fühlen. Eine Emotionsgeschichte des 20. Jahrhunderts. Stuttgart 2020, ausgezeichnet mit dem Sachbuchpreis der Leipziger Buchmesse; Biess, Frank: Republik der Angst. Die andere Geschichte der Bundesrepublik. Hamburg 2019, platziert auf der Zeit-Sachbuch-Bestenliste 3, 4 und 5/2019.
13 Lücke u. Zündorf, Einführung (wie Anm. 2), S. 96.
14 Vgl. knapp zur Begriffsgeschichte Oels, Sachbuch (wie Anm. 8).

auf der Mitte zwischen einem „wissenschaftlichen Fachbuch im engeren Sinne", hoch spezialisiert, über Drittmittel finanziert, für ganz wenige geschrieben und von noch wenigeren gelesen, und dem historischen Bestseller, in hohen Auflagen verkauft und weit in die nichtwissenschaftliche Öffentlichkeit hinein wirkend.[15] Felken interessierte sich für das Feld zwischen diesen Polen, für Bücher, die gut lesbar und trotzdem differenziert seien, breiter als Spezialstudien, ohne sich für eine Bestsellerliste zu eignen, und die bei punktgenauer Landung – wenn sich etwa an ein Jubiläum anschließen lasse – ganz gute Aussichten auf buchhändlerischen Erfolg hätten. Durchaus idealistisch warb er dafür, Verantwortung für dieses ‚mittlere Buch' zu übernehmen, verstanden als „Rückgrat der Geschichtskultur eines Landes".[16] Denn das Krisengerede mit Blick auf den Buchmarkt sei zwar überzogen, aber durch Konzentrationsprozesse in der Verlagswelt, die wachsende Bedeutung von Großbuchhandlungen und anderes mehr werde der Raum für das ‚mittlere Buch' eben doch zunehmend eng, während die Zahl der reinen Fachbücher sogar wachse.

Das ‚Fachsachbuch' und sein doppeltes Publikum

Befreit man Felkens Definition von normativen Implikationen und weitet den Blick möglichst radikal über jene oft von ihm selbst bei C. H. Beck lektorierten ‚mittleren Bücher' hinaus, die in der deutschen Geschichtswissenschaft über hohes Prestige verfügen, die häufig von renommierten Historikern (sic!) stammen, die oft als dicke Gesamtdarstellungen angelegt sind und die nicht zuletzt als kulturelles Kapital ihren Weg in private Bücherregale finden[17], lässt sich eine Gruppe von Büchern erkennen, die man statt als ‚mittlere Bücher' besser als ‚Fachsachbücher' bezeichnen sollte. Denn es geht um Bücher, die mit einem Sachbuch viel gemeinsam haben, wobei sie aber nicht in der Mitte zwischen Sach- und Fachbuch stehen, sondern je nach Perspektive das eine oder das andere sind oder wesentliche Elemente von beiden in sich vereinen. Entscheidend dafür ist, dass sie der Intention der Schreibenden nach ein *doppeltes* Publikum adressieren: eine außerfachliche Leserschaft *und* das Fach. Die Gewichtung der Publika kann

---

15 Vgl. Felken, Detlev: Die Geschichtskultur und das „mittlere Buch". Anmerkungen zur Lage der historischen Literatur. In: Geschichtswissenschaft und Buchhandel in der Krisenspirale? Hrsg. von Olaf Blaschke u. Hagen Schulze. München 2006. S. 211–220. Zitat S. 213.
16 Felken, Geschichtskultur (wie Anm. 15), S. 216.
17 Vgl. einige Beispiele in Mende, Silke: Das „mittlere Buch" und seine Möglichkeiten. In: Journal of Contemporary History / Zeitschrift für moderne europäische Geschichte / Revue d'histoire européenne contemporaine. 14 (2016). S. 15–19.

dabei höchst unterschiedlich ausfallen. Das Fachpublikum mag im Zentrum stehen und das außerfachliche Publikum wird nur en passant adressiert oder es verhält sich genau umgekehrt. Dann geht es vielleicht nur darum, fachliche Ansprüche minimal zu erfüllen, um einen Totalverriss aus wissenschaftlicher Feder zu vermeiden. Außerhalb des Fachs wiederum können recht unterschiedliche Gruppen anvisiert werden, große oder kleine. Entsprechend können ‚Fachsachbücher' ebenso aus Fachverlagen wie aus Publikumsverlagen stammen.

Das Fachsachbuch ist daher etwas anderes als das, was in den USA als crossover book bezeichnet wird. Nach Caspar Hirschi geht es dabei um „wissenschaftliche Bücher von Akademikern für die breite Öffentlichkeit", gedruckt meist von kommerziellen Verlagen, die sich möglichst einen Bestseller erhoffen.[18] Dafür treten die Verlage (oder Literaturagenturen) gezielt an prominente Personen aus der Wissenschaft heran, am besten aus der *Ivy League*, die dann mit wissenschaftlicher Autorität erzählen, bei historischen Themen oft mit starkem Gegenwartsbezug und gerne über „‚große Männer', ‚große Kriege' oder ‚das große Ganze'" – was Männern selbst offenbar besonders leicht fällt.[19] Das Fachsachbuch soll dagegen auch Bücher umfassen, deren Autorinnen nicht bereits im Vorfeld bekannt sind, die nicht von Verlagen oder Agenturen aktiv kontaktiert werden, die ohne Großmannssucht auftreten, die möglicherweise doch ‚nur' ihr Spezialthema vorstellen und die damit neben einem konkreten Fach statt der breiten oder gebildeten Öffentlichkeit insgesamt vielleicht nur eine schmale Teilöffentlichkeit adressieren, beispielsweise all jene, die sich für Migration interessieren. Auch Journalistinnen können Fachsachbücher schreiben. Bedingung ist nur, dass sie das Fach zumindest am Rande als jemand im Auge haben, der mitliest und mitlesen soll.

Solche Monographien mit doppelpoliger Kommunikation sind prinzipiell in allen Disziplinen möglich, in manchen allerdings eher unwahrscheinlich. Das gilt etwa für die Naturwissenschaften, in denen sich fachwissenschaftliche Kommunikation teilweise formelhaft und vor allem kaum noch in Büchern vollzieht. In den sogenannten Buchwissenschaften ist das anders, aber es gibt trotzdem Hemmnisse, etwa eine umfassende Fachterminologie, einen Themenbereich, für den kaum öffentliches Interesse besteht, oder – wie in der deutschen Geschichtswissenschaft – das hartnäckige Fortleben der Habilitation, die enorme Ressourcen bindet. Insgesamt aber bringt die Geschichtswissenschaft gute Voraussetzungen für Fachsachbücher mit. Der von ihr behandelte Gegenstand stößt

---

18 Vgl. Hirschi, Caspar: Große Männerbücher: Annäherungen an das historische „Crossover Book". In: „Gelesene Literatur". Sonderband Text + Kritik 2018. Hrsg. von Steffen Martus u. Carlos Spoerhase. S. 30–44. Zitat S. 33.
19 Vgl. Hirschi, Große Männerbücher (wie Anm. 18), S. 37.

auf öffentliches Interesse, im Vergleich zu anderen Disziplinen hat das Fach nur eine schmale Fachterminologie ausgebildet, und es ist ein geschichtswissenschaftlicher Anspruch mit langer Tradition, außer für das Fach auch für eine gebildete Öffentlichkeit zu schreiben und zu erzählen.

Tatsächlich gibt es Fachsachbücher in den Geschichtswissenschaften schon lange, es gibt sie in vergleichsweise großer Zahl, und es gibt sie in unendlich vielen Spielarten. Leopold von Ranke, besorgt wegen der Erfolge des historischen Romans, stritt der Sache nach für diese Art von Buch, auch wenn die Geschichtswissenschaft im Zuge ihrer Professionalisierung viele Formen populären historischen Schreibens ausgrenzte.[20] Und ebenso wie das Fachsachbuch Ort raunender Nationalerzählung war, ist es inzwischen Ort der Geschichte von unten. Carlo Ginzburgs *Der Käse und die Würmer* – in 23 Sprachen übersetzt – ist ein methodisch-theoretischer Meilenstein der Neuen Kulturgeschichte und ein kulturhistorischer Bestseller. Dabei legte der italienische Historiker seinen Text so an, dass er auf zwei Ebenen funktionierte: für ein Fachpublikum und für eine breitere Öffentlichkeit, geschrieben als Geschichtswissenschaft, Kriminalerzählung und Montage, getragen von Erkenntnissuche, literarischem Anspruch und politischem Impetus.[21] Historische Fachsachbücher sind auch nicht auf ein bestimmtes Land begrenzt, wobei sie in der anglo-amerikanischen Wissenschaft und Verlagslandschaft besonders fest verankert zu sein scheinen und auffällig oft vom Englischen ins Deutsche übersetzt werden.[22]

Braucht die Geschichtswissenschaft, braucht die Öffentlichkeit solche Fachsachbücher? Das Fach selbst muss darüber diskutieren, zumal die Entscheidung für einen doppelten Publikumsbezug Konsequenzen für die Form der Darstellung hat und die Form bekanntlich den Inhalt prägt, mithin epistemologische Rück-

---

[20] Vgl. Fulda, Daniel: Wissenschaft aus Kunst. Die Entstehung der modernen deutschen Geschichtsschreibung 1760–1860. Berlin u. New York 1996; Mülller, Philipp: Erkenntnis und Erzählung: Ästhetische Geschichtsdeutung in der Historiographie von Ranke, Burckhardt und Taine. Köln 2008; Epple, Angelika: Empfindsame Geschichtsschreibung. Eine Geschlechtergeschichte der Historiographie zwischen Aufklärung und Historismus. Köln 2003; vom Bruch, Rüdiger: Vom Bildungsgelehrten zum wissenschaftlichen Fachmenschentum: zum Selbstverständnis deutscher Hochschullehrer im 19. und 20. Jahrhundert. In: Von der Arbeiterbewegung zum modernen Sozialstaat. Hrsg. von Jürgen Kocka [u. a.]. München 1994. S. 582–601.
[21] Vgl. Ginzburg, Carlo: Der Käse und die Würmer. Die Welt eines Müllers um 1600. Frankfurt am Main 1979 sowie dazu Bernet, Brigitta: Die Welt des Historikers um 1970: „Der Käse und die Würmer" von Carlo Ginzburg. In: Geschichte der Gegenwart. Juli 2019. https://geschichtedergegenwart.ch/ (10.02.2020).
[22] Vgl. aktuell u. a. Lepore, Jill: Diese Wahrheiten. Eine Geschichte der Vereinigten Staaten von Amerika. München 2019 (engl. Original 2019); Rublack, Ulinka: Der Astronom und die Hexe. Johannes Kepler und seine Zeit. Stuttgart 2018 (engl. Original 2015).

koppelungen zu beobachten sind. Geschichtswissenschaftliche Erkenntnisse sähen also anders aus, würde sich diese Disziplin auf eine von öffentlicher Leserschaft radikal abgeschottete fachinterne Kommunikation beschränken. In jedem Fall braucht die Geschichtswissenschaft daher mehr Erfahrungsaustausch und Reflexion *über* Fachsachbücher sowie breiter über die Art und Weise, wie man Geschichte schreibt, erzählt und publiziert, wie man Wissen popularisiert, literarisiert, narrativiert, diskursiviert oder akademisiert. Zweifellos gibt es außerdem außerhalb der Universität ein gehöriges Interesse an Geschichte. Aus meiner Sicht sollten Historikerinnen nicht warten, bis zufällig eine Journalistin anruft und um ein kurzes Interview bittet, sondern sie können bei geeigneten Themen auch aus eigenen Stücken und in schriftlicher Form auf das Interesse der Öffentlichkeit eingehen, wobei das maßgebliche Ziel die Horizonterweiterung der Leserschaft und die Differenzierung der behandelten Themen sein sollte, also Aufklärung im besten Sinne.[23]

Das kann in Form von Zeitungsartikeln, Beiträgen für Ausstellungskataloge oder Blogs geschehen, aber ebenso ausführlicher und monographisch. Ein Buch *auch* für die Öffentlichkeit zu schreiben, kostet zwar besonders viel Zeit, weil der Form spezifische Aufmerksamkeit gewidmet werden muss und weil es gilt, fachlichen Ansprüchen trotzdem zu genügen, das Fach als Adressaten also nicht völlig aus den Augen zu verlieren. Aber sich an diesem Spagat zu versuchen, ist politisch, ästhetisch und epistemologisch reizvoll, zumal sich sogar für das vermeintlich genuin akademische Schreiben etwas lernen lässt, welches schließlich nie unpolitisch ist, das stets eine ästhetische Seite hat und dessen Form immer Einfluss auf den Inhalt nimmt.

Wer schreibt Geschichte für wen?

Die Verzahnung öffentlicher und fachlicher Kommunikation ist gegenwärtig in Bewegung. Meinem Eindruck nach erfahren Sachbücher aus publizistischer Feder in den Medien große Aufmerksamkeit, auch wenn (oder gerade weil?) sie an den Standards der Wissenschaft mitunter nonchalant vorbei verfasst und verlegt werden. Gleichzeitig zeigt sich in der Geschichtswissenschaft ein verstärktes In-

---

[23] Vgl. zur Debatte über das ‚Erzählen' zuletzt Kantsteiner, Wulf: Argumentation, Beschreibung und Erzählung in der wissenschaftlichen Historiographie. In: Sandkühler u. Blanke, Historisierung (wie Anm. 5), S. 151–168, sowie zum öffentlichen Engagement von Historikerinnen Berger, Stefan: Introduction. Historical Writing and Civic Engagement. A Symbiotic Relationship. In: The Engaged Historian. Perspectives on the Intersections of Politics, Activism and Historical Profession. Hrsg. von Stefan Berger. New York u. Oxford 2019. S. 1–31.

teresse an Praktiken des Schreibens sowie am Schreiben für ein breiteres Publikum. Das manifestiert sich vor allem digital, aber auch Fachsachbücher könnten davon profitieren. Immerhin werden sie in Deutschland nicht (mehr) vor allem von jenen arrivierten Professoren (sic!) verfasst, die sich als Krönung ihrer Karriere oder als Emeriti daran versuchen, sondern ebenso von jüngeren Historikern sowie auch von Historikerinnen.[24] Es deutet sich eine zaghafte Demokratisierung, eine Feminisierung oder jedenfalls eine Diversifizierung und Ausdehnung der wissenschaftlichen Autorschaft an.

Ob der zuletzt genannte Eindruck stimmt, wäre freilich noch zu untersuchen – und auch, was dahinterstehen könnte: Vielleicht der verstärkte Austausch mit anglo-amerikanischen Wissenschaftlerinnen, wachsendes politisches Engagement oder eine neue Lust am essayistischen Schreiben, bedingt etwa durch Erfahrungen mit neuen Medien sowie die Einsichten der Neuen Kulturgeschichte in das konstruktiv-narrative Moment geschichtswissenschaftlicher Erkenntnis? Oder – um von Pull- zu Pushfaktoren zu wechseln – wenden sich in Zeiten zunehmender Wissenschaftsskepsis sogar Wissenschaftlerinnen selbst von genuin akademischen Arenen der Kommunikation ab? Oder ist es schlicht zu unbefriedigend, für einen Fachverlag erst einen hohen Druckkostenzuschuss einzuwerben, dann vieles selbst zu machen, was früher selbstverständlich übernommen wurde – von Lektorat bis Layout –, gleichzeitig alle Rechte abzutreten und schließlich das eigene Buch in der Masse der wissenschaftlichen Literatur fast zwangsläufig untergehen zu sehen? Ist es vielleicht attraktiver, mit einem Verlag zu arbeiten, der sich für das entstehende Produkt auch interessiert und der Hilfestellung bei der Arbeit am Text liefert, selbst wenn dies nur aus unternehmerischem Interesse heraus geschehen sollte?

Das leitete über zur Verlagslandschaft, die Praktiken des Publizierens prägt und beschränkt[25], für das Fachsachbuch leider keineswegs zum Guten. Denn

---

24 Als aktuelle Beispiele siehe etwa Hitzer, Krebs fühlen (wie Anm. 12); von Hodenberg, Christina: Das andere Achtundsechzig. Gesellschaftsgeschichte einer Revolte. München 2018; Goltermann, Svenja: Opfer – Die Wahrnehmung von Krieg und Gewalt in der Moderne. Frankfurt am Main 2017. Zur Reflexion wissenschaftlichen Schreibens siehe Groebner, Valentin: Wissenschaftssprache. Eine Gebrauchsanweisung. Konstanz 2018.
25 Vgl. Blaschke, Olaf: Verleger machen Geschichte. Buchhandel und Historiker seit 1945 im deutsch-britischen Vergleich. Göttingen 2010; Franzen, Martina: Grenzen der wissenschaftlichen Autonomie. Zur Eigengesetzlichkeit von Publikationskulturen. In: Autonomie revisited – Beiträge zu einem umstrittenen Grundbegriff in Wissenschaft, Kunst und Politik. Sonderband 2 der Zeitschrift für Theoretische Soziologie (ZTS) (2014). Hrsg. von Martina Franzen [u. a.]. S. 374–399. Zur Situation des Buches in den Geisteswissenschaften siehe Martus, Steffen u. Spoerhase, Carlos: Gelesene Literatur in der Gegenwart. In: Gelesene Literatur. Hrsg. von Steffen Martus u. Carlos Spoerhase. S. 7–17.

wenn die Auflagen der Fachverlage weiter sinken und die Preise gleichzeitig weiter steigen, sind sie tatsächlich kein geeigneter Kooperationspartner für ein Fachsachbuch. Und die Publikumsverlage? Nun, die freuen sich zwar über Wissenschaftlerinnen, die es einmal mit ihnen versuchen mögen, aber gerade deutschsprachige Publikumsverlage träumen mitunter auch davon, *alle* Literaturnachweise oder *alle* Fremdwörter zu eliminieren oder eine historische Darstellung ganz unabhängig vom Thema als politische Intervention zu verkaufen, je simpler, desto besser. Für Wissenschaftlerinnen ist das oft das Ende einer möglichen Kooperation.[26]

Historikerinnen müssen ihre Ansprüche gegenüber Verlagen daher selbstbewusst artikulieren und auch dafür intern diskutieren, welche Bücher geschrieben werden sollen, mit wem und für wen. Ein Fachsachbuch, also ein Buch, das für das Fach und eine darüberhinausgehende Öffentlichkeit funktionieren soll, ist sicherlich ein Balanceakt, aber es ist gleichzeitig eine wichtige Herausforderung, denn es ist ebenso Ort der Geschichtskultur wie der Geschichtswissenschaft, ein Knotenpunkt öffentlicher und fachinterner Kommunikation. Im Namen einer selbstreflexiven Wissenschaft wären solche Fachsachbücher genauer zu erkunden, und im Sinne einer engagierten und experimentierfreudigen Wissenschaft wäre es darüber hinaus wünschenswert, die Chancen und Risiken doppelpoligen Schreibens – für ein doppeltes Publikum – praktisch auszuloten und sich systematisch über die dabei gemachten Erfahrungen auszutauschen. Die Ressourcen, die nun vermehrt für Wissenschaftskommunikation zur Verfügung gestellt werden, sollten daher bitte nicht einfach an die Public Relations Abteilung der Universität weitergeleitet werden, sondern auch bei den Wissenschaftlerinnen landen, damit diese auf verschiedenen Karrierestufen Zeit zum Schreiben finden – für das Fach und darüber hinaus.

---

26 Ich beziehe mich auf Gespräche mit Kolleginnen sowie auf meine eigenen Erfahrungen, u. a. im Umfeld der Publikation von Verheyen, Nina: Die Erfindung der Leistung. Berlin 2018.

Angela Siebold
Forschung – Lehre – Bildung!
Zur gesellschaftlichen Verantwortung der Geschichtswissenschaft

In den vergangenen Jahren hat sich in Deutschland, aber auch in anderen Gesellschaften Europas, eine Verunsicherung breit gemacht, die vor allem von sozioökonomischen und kulturellen Aspekten geprägt ist. Weder die etablierten Parteien noch die Institutionen der parlamentarischen Demokratie vermochten es bisher, zukunftsgerichtete Antworten auf diese Verunsicherung zu liefern. Ein rasanter Anstieg der Anhängerschaft populistischer und teilweise rechtsradikaler Bewegungen in ganz Europa war und ist das Resultat dieses Prozesses. Besonders auffällig an diesen Bewegungen ist, dass sie ihre Demokratiefeindlichkeit mit einer ausgeprägten Wissenschaftsskepsis oder sogar Wissenschaftsfeindlichkeit kombinieren. Diese ignoriert die anerkannten Mechanismen der Wahrheitsfindung und Überprüfbarkeit und setzt Gefühlsäußerungen und Behauptungen argumentativ auf eine Ebene mit wissenschaftlichen Aussagen. Bedenklich ist hierbei einerseits der massive Autoritätsverlust der Wissenschaft und der sie repräsentierenden Institutionen. Weitaus gefährlicher ist aber, dass diese Strategie gezielt zur gesellschaftlichen Ausgrenzung, zur demokratischen Destabilisierung und zur Durchsetzung von eigenen Machtinteressen eingesetzt wird.

Diese Destabilisierung der pluralistischen, demokratischen Gesellschaft stellt die historisch-politische Bildung vor eine ihrer größten Herausforderungen der Nachkriegszeit. Oder, konstruktiv formuliert: Die aktuelle Situation sollte die historische Bildungsarbeit dazu herausfordern, zu einer neuen gesellschaftlichen Selbstversicherung beizutragen. Dieser Aufgabe sollte sich auch die universitäre Geschichtswissenschaft stellen. In Zeiten, in denen sich Ministerpräsidenten von Rechtsradikalen ins Amt wählen lassen, in denen über Minderheitenregierungen gesprochen werden muss und Neuwahlen immer häufiger als Antwort auf die Hürden einer stabilen Regierungsbildung ins Feld geführt werden; in Zeiten, in denen Menschen aufgrund ihres Glaubens, ihrer Hautfarbe oder ihrer politischen Haltung Opfer offener Ausgrenzung und massiver rechter Gewalt werden, muss die historisch-politische Bildung einen neuen Stellenwert erhalten.

Geschichtswissenschaft in Zeiten zunehmender Verunsicherung

Welche Rolle kommt nun der universitären Geschichtswissenschaft in dieser Gemengelage zu? Nicht nur die Politik, auch wissenschaftliche Akteur*innen waren und sind bisher nicht in der Lage, den oben genannten gesellschaftlichen Problemen eine systematische Agenda entgegen zu setzen. Viele Historiker*innen fühlten und fühlen sich noch nicht einmal explizit angesprochen, in dieser Sache aktiv zu werden. Zwar war die „Resolution zu gegenwärtigen Gefährdungen der Demokratie"[1] des Verbandes der Historiker und Historikerinnen Deutschlands im Jahr 2018 ein erster Schritt hin zu einem größeren politischen Bewusstsein im Fach. Das Papier diente allerdings eher der internen Selbstvergewisserung, als dass es sich durch eine größere Außenwirkung ausgezeichnet hätte.

Das sollte sich jetzt ändern: Historiker*innen sollten sich der Verantwortung stellen, aber auch der Chance bewusst werden, auf Basis ihrer beruflichen Qualifikation auf die gesellschaftliche Fragmentierung und Radikalisierung in unserer Zeit Einfluss zu nehmen. Diese Chance setzt allerdings einen Wandel des eigenen Selbstverständnisses insbesondere im universitären Umfeld der Geschichtswissenschaft voraus: Gerade die universitäre Geschichtswissenschaft müsste sich dazu zukünftig viel stärker in der Verantwortung sehen, sich auch über ihr engeres Handlungsfeld hinaus für Demokratieerziehung und eine historisch-kritische Bildungsarbeit einzusetzen.[2]

Alte und neue Handlungsfelder der historischen Bildungsarbeit

Die gute Nachricht ist: Historiker*innen können der gesellschaftlichen Verunsicherung in vielfacher Weise entgegenwirken. Erstens durch eine fundierte historische Aufklärung in einer Zeit, in der wissenschaftliche Erkenntnisse vermehrt in

---

[1] Resolution des Verbandes der Historiker und Historikerinnen Deutschlands zu gegenwärtigen Gefährdungen der Demokratie, verabschiedet von der Mitgliederversammlung am 27. Sept. 2018 in Münster. https://www.historikerverband.de/verband/stellungnahmen/resolution-zu-gegenwaertigen-gefaehrdungen-der-demokratie.html (12.02.2020).
[2] Dies entspräche auch der Forderung des Bundesministeriums für Bildung und Forschung nach einer gelungenen Wissenschaftskommunikation. Vgl. hierzu den Beitrag von Nina Verheyen in diesem Band.

Frage gestellt und das Fach Geschichte in den Bildungseinrichtungen Schule und Universität leider immer noch einen Bedeutungsrückgang erfährt. Zweitens – und das reicht weit über die engeren fachlichen Themen hinaus – hilft historische Bildung beim Umgang mit gesellschaftlicher Verunsicherung und Orientierungslosigkeit, drittens in der Auseinandersetzung mit einer zunehmenden populistischen Deutungskonkurrenz aus den Reihen der Politik und den sozialen Netzwerken, viertens bei einem souveränen und kritischen Umgang mit „gefühlten Wahrheiten" und *Fake News* im öffentlichen Diskurs und fünftens im kritischen Umgang mit dem medial und politisch bedienten Bedürfnis nach Eindeutigkeit in einer komplexen Welt. Auf alle diese Herausforderungen hat die Geschichtswissenschaft als traditionell kritisch-reflektierende Disziplin Antworten zu bieten, mit denen sie sich in einer intensiven historischen Bildungsarbeit zukünftig stärker einbringen könnte und sollte. Sie könnte so zu Beginn des 21. Jahrhunderts aktiv historische Aufklärungsarbeit leisten und gesellschaftliche Orientierung stiften. Ihre Mitglieder begriffen sich dazu nicht als distanzierte Beobachter*innen, sondern bewusst als gesellschaftliche Akteur*innen, die ihr professionelles Wissen zur Stärkung einer offenen und (selbst)kritischen Gesellschaft einsetzten.

Herausforderung 1: Wissensverlust und Bedeutungsrückgang des Fachs Geschichte
Chance: Aktive historische Aufklärungsarbeit

Eine besondere Verantwortung der historischen Disziplin liegt erstens darin, dem Vergessen und damit verbunden dem aktuellen Wiedererstarken von Rassismus, Antisemitismus und Demokratiekritik aufklärend entgegen zu wirken. Geschichte als Aufklärung – das ist sicherlich das Kerngeschäft der Historiker*innen in der Bildungsarbeit und heute so wichtig wie lange nicht mehr. Verantwortlich fühlen sollten sich hier jedoch nicht nur diejenigen Institutionen, die sich explizit als Akteur*innen der historischen Bildungsarbeit sehen, also etwa Museen oder Gedenkstätten. Auch die Universitäten tragen hier eine gesellschaftliche Verantwortung. Die Türen der Universität sollten breit geöffnet sein und universitäre Angebote verstärkt für ein überfachliches Publikum geschaffen werden. Über institutionelle Angebote hinaus – beispielsweise in Form von öffentlichen Diskussionsrunden und digitalen Bildungsmöglichkeiten – sollte sich jede*r einzelne Repräsentant*in der Geschichtswissenschaft in der Verantwortung sehen, über Mechanismen der Ausgrenzung, Diskriminierung und Verfolgung, über die

Historizität von Feindbildern, über die Wirkungskraft und die Problematik von Ideologien und Propaganda aufzuklären. Das darf nicht nur in der universitären Lehre, sondern muss gerade auch in der informellen Bildung geschehen, im persönlichen Engagement im Alltag und in der Beteiligung am politischen und gesellschaftlichen Diskurs.

Herausforderung 2: Gesellschaftliche Verunsicherung
Chance: Geschichte als Orientierung

Zeitlich längst im 21. Jahrhundert angekommen, zeigt sich unsere Gesellschaft aufgrund der grundlegenden und rasanten Veränderungen rund um den Jahrtausendwechsel verunsichert und überfordert. Die fundamentalen Veränderungen begannen in den 1970er Jahren. Sie betrafen zunächst sozioökonomische Faktoren wie etwa das Aufkommen der Arbeitslosigkeit als Massenphänomen. Hinzu kam ein langsam zunehmendes Bewusstsein bezüglich der ökologischen Risiken unseres Lebensstils sowie das Infragestellen bestehender gesellschaftlicher Rollenbilder. Diesen strukturellen Veränderungen folgte ein unter anderem durch die Digitalisierung und die verstärkte Mobilität beschleunigter, massenhafter Prozess der Globalisierung, welcher noch längst nicht abgeschlossen ist. Zusätzlich erschütterte das Ende des Kalten Krieges nachhaltig die Ordnungsvorstellungen und kollektiven Identitäten in Europa und vor allem in Deutschland. Sicher Geglaubtes geriet ins Wanken, neue Risiken und Ängste führten zur Dominanz eines europäischen Krisennarrativs, das bis heute Bestand hat. Dieses Krisendenken schlägt sich mittlerweile nicht mehr nur in den genannten Bereichen nieder, sondern schürt auch Ängste vor Veränderungen insgesamt, allen voran im Bereich der Migration, der Klima- und der Sozialpolitik. Diese Haltung, die sich als eine Art Schockstarre bezeichnen lässt, blockiert zukunftsgewandte, gestalterisch mutige und freiheitsorientierte Lösungsansätze für die Herausforderungen der Gegenwart. Sie macht die Gesellschaft anfällig für populistische Akteur*innen, welche diese Ängste bedienen und schüren, anstatt Lösungswege aufzuzeigen.

Historische Bildung kann hier gezielt Orientierung stiften. Über die Referenz der Vergangenheit können Historiker*innen bei der gegenwärtigen Selbstverortung helfen, also zunächst einmal erklären, wie es zu den jetzigen Zuständen gekommen ist. Die Geschichtswissenschaft sollte also erstens ganz gezielt die vergangenen Jahrzehnte als eine „Problemgeschichte der Gegenwart"[3] weiter erforschen und deren Ergebnisse breit und verständlich vermitteln. Das Bewusstsein über die Wandelbarkeit der Welt könnte zweitens den für uns so notwendigen Blick in die Zukunft und den Glauben an ihre Gestaltbarkeit öffnen. Historische Bildung sollte so als Fundament und Voraussetzung einer Formulierung positiver Gesellschaftsutopien dienen, wie sie etwa der Soziologe Harald Welzer kürzlich gefordert hat.[4] Drittens kann die historische Bildung auch positive Beispiele darüber aufzeigen, wie eine demokratisch legitimierte Gestaltung der Zukunft in der Vergangenheit bereits gelingen konnte.[5] Historische Bildung ist auch immer politische Bildung. Über die Vergangenheit zu sprechen hieße so, konkret darüber nachdenken zu können, was ist und was sein könnte.

Herausforderung 3: Neue Deutungskonkurrenzen
Chance: Historiker*innen als gesellschaftliche Akteur*innen

Das mit der Verunsicherung einhergehende Orientierungsbedürfnis könnte durch eine differenzierte historische Bildung aufgefangen werden. Doch die dringend benötigten historischen Orientierungsangebote kommen weniger aus den Kreisen der Wissenschaft, sondern aus einem neuen, wachsenden politischen Akteursraum, der anhand populistischer Umdeutungen die Geschichte gezielt zur Durchsetzung politischer Partikularinteressen einsetzt. Nicht selten dienen solche historischen Deutungsangebote dem Ziel, rassistisches oder antisemitisches Gedankengut bei ihren Adressat*innen sowie eine Elitenfeindlichkeit gegenüber dem existierenden politischen System zu stärken. Zur selben Zeit wird an den Universitäten unter völlig anderen Prämissen geforscht und gelehrt. Durch die mangelnde Kommunikation beider Bereiche miteinander entwickeln sich seit einigen Jahren historische Parallelerzählungen. Sie trennen die Geschichtsbilder, die in staatlichen Einrichtungen wie Schulen und Universitäten vermittelt werden, grundlegend von denen, die auf informellen Plattformen – beispielsweise in den

---

3 Lutz Raphael und Anselm Doering-Manteuffel mit Bezug auf Hans Günter Hockerts. Raphael, Lutz u. Doering-Manteuffel, Anselm: Nach dem Boom. Perspektiven auf die Zeitgeschichte seit 1970. Göttingen 2008. S. 25. Hockerts, Hans Günter: Zeitgeschichte in Deutschland. In: Historisches Jahrbuch 113 (1993). S. 98–127, S. 124.
4 Vgl. Welzer, Harald: Alles könnte anders sein. Eine Gesellschaftsutopie für freie Menschen. Frankfurt am Main 2019.
5 Vgl. zu dieser Diskussion der Diskussionsbeitrag des Philosophen Thomä, Dieter: Warum Demokratien Helden brauchen. Plädoyer für einen zeitgemäßen Heroismus. Berlin 2019.

sozialen Medien – ventiliert werden. Durch diese – positiv formuliert – Pluralisierung der Kommunikationskanäle haben die klassischen Bildungsinstitutionen massiv an Einfluss verloren. Aber auch andere gesellschaftliche Akteur*innen der politischen Willensbildung, wie etwa die politischen Parteien, stehen seit einigen Jahren diesbezüglich unter großem Druck.

Hier bedarf es kreativer Lösungen. Auch in Bezug auf die Bildungsarbeit sollte die Universität Raum für Innovationen bereithalten. Das ist nur dann möglich, wenn sich Historiker*innen selbst offensiv als gesellschaftliche Akteur*innen begreifen und auch zu denjenigen das Gespräch suchen, die nicht von sich aus den Weg in die Hörsäle finden. Es reicht dabei nicht mehr aus, sich auf die Ausbildung von Multiplikator*innen historischen Wissens, etwa Geschichtslehrer*innen, zu beschränken und die Verantwortung an die Schulen, Museen und Gedenkstätten abzugeben. Diese Einrichtungen sind von großer Bedeutung, können die heutigen Herausforderungen aber nicht alleine schultern. Besonders im Bereich informeller Bildungsangebote und digitaler Kommunikationswege gilt es, universitäre Ressourcen bereit zu stellen, um dort aktiv zu werden, wo sich der Populismus Gehör verschafft, beispielsweise in den sozialen Netzwerken. So könnte man Personen erreichen, die institutionalisierte Bildungsangebote wie Bibliotheken, Museen oder Gedenkstätten nicht wahrnehmen können oder wollen.

Herausforderung 4: „Gefühlte Wahrheiten" und *Fake News*
Chance: Quellenkritik und Medienkompetenz

Populistische Umdeutungen der Geschichte gehen häufig mit einem zunehmend irrationalen Wahrheitsverständnis einher: Der entzauberten Welt Max Webers scheint der Glaube an Rationalität und Wissenschaft verloren zu gehen.[6] Immer wieder gewinnen sogenannte „gefühlte Wahrheiten" Oberhand, gepaart mit einer grundsätzlichen Misstrauenskultur und einer Feindseligkeit gegenüber bestehenden Strukturen („das System") und deren Eliten („die da oben"). Die Gültigkeit wissenschaftlicher Forschungsergebnisse wird öffentlich angezweifelt, ohne diese jedoch argumentativ zu entkräften.

Dieser Prozess äußert sich nicht zuletzt in einer Legitimationskrise der bestehenden Bildungsinstitutionen. Die Universitäten sollten daher ein ureigenes

---

6 Vgl. hierzu Weber, Max: Wissenschaft als Beruf. Stuttgart 1999 (Originalausgabe 1919). S. 19.

Interesse daran entwickeln, diesem Prozess etwas entgegenzustellen. Die Geschichtswissenschaft könnte dies auf zweifacher Ebene tun:

Der Verlockung des „Fühlens" sollte erstens die Stärke des Argumentierens entgegengestellt werden – in Verbindung mit der Authentizität, Transparenz und Seriosität wissenschaftlichen Arbeitens. Besonders gefragt sind hierbei die Forschungsbereiche der Erinnerungskultur und Geschichtspolitik. Sie können geschichtspolitische Strategien der demokratiefeindlichen Akteur*innen offenlegen und Zweifler*innen von der Gültigkeit historischer Erkenntnisse überzeugen.

Zweitens verfügt die Geschichtswissenschaft mit der historisch-kritischen Methode über das handwerkliche Werkzeug, Quellen auf ihre Authentizität und Aussagekraft hin zu untersuchen. Sie vermag es, die Provenienz von Aussagen, ihre Perspektivengebundenheit sowie dahinterstehende Interessen offen zu legen sowie Einseitigkeiten oder gar Falschaussagen aufzudecken. Das betrifft beispielsweise Institutionen und Akteur*innen, die Informationen ins Netz stellen und dann – interessengeleitet oder aus eigenem Nichtwissen heraus – Quellen einseitig kontextualisieren, nicht vollständig wiedergeben oder sogar bewusst fälschen und manipulieren. Gerade in Zeiten der vorwiegend digitalen Informationsbeschaffung (übrigens auch unter Studierenden der Geschichte) sind diese Fähigkeiten eine zentrale Voraussetzung zum mündigen Umgang mit Wissensangeboten. Die ureigenen Kompetenzen der *Geschichte als Wissenschaft* könnte die historische „Zunft" – ähnlich der in vielen Ländern bereits stärker verbreiteten *Media Literacy*[7] – ebenso an Personen außerhalb des Fachs vermitteln.[8] Sie könnte so das mediale Publikum wieder darin bestärken, kritisch und eigenständig darüber zu reflektieren, wie Wissen generiert wird und wie man gezielte Falschaussagen entlarvt.

Herausforderung 5: Einfache Wahrheiten und vermeintliche Eindeutigkeiten

Chance: Multiperspektivität und Empathie

Populistische Deutungen gehen häufig mit einer allzu einfachen und eindeutigen Interpretation vergangener und gegenwärtiger Zustände einher. Die Verlockungen einer solchen Sichtweise sind im Lichte der zunehmenden Komplexität und Un-

---

[7] Zur Diskussion um diesen Begriff vgl. beispielsweise die Charta für Europäische Medienkompetenz. https://euromedialiteracy.eu/charter.php?id=5 (12.02.2020).
[8] Siehe auch den Beitrag von Mareike König in diesem Band.

übersichtlichkeit der Welt nachvollziehbar, aber gefährlich. Häufig führen sie zu einseitigen Schuldzuweisungen, zu ungerechtfertigten Ausgrenzungen und zu einer Zunahme gesellschaftlicher Spaltungen. Gerade hier kann die historische Bildungsarbeit eingreifen. Sie kann den Blick darauf schulen, unterschiedliche, auch kontroverse Perspektiven nachzuvollziehen und deren Legitimität anzuerkennen. Historische Bildung schafft so nicht nur Verständnis für die Gegenwart, sondern auch für den anderen. Sie kann sowohl die eigene Sichtweise als auch Empathie gegenüber anderen fördern, ohne dabei zu verunsichern.

Was ist nötig? Freiräume für die Bildungsarbeit und ihre universitäre Anerkennung

Die Geschichtswissenschaft ist beobachtende Analystin *und* gesellschaftliche Akteurin zugleich – sie sollte sich der Verantwortung, die sie in beiden Bereichen trägt, noch stärker bewusst werden. Diese Erkenntnis könnte bestenfalls zu einer grundlegenden Aufwertung der historischen Bildungsarbeit führen – gerade in Zeiten, in denen das Fach Geschichte in Schulen und an Universitäten an Zulauf und Bedeutung zu verlieren droht. Das setzt allerdings voraus, dass die universitäre Reputationsasymmetrie im Sinne einer elitenorientierten Forschungsförderung weiter und nachhaltig in Frage gestellt wird. Diejenigen, welche sich mit der *Vermittlung* historischen Wissens auseinandersetzen – in der universitären Lehre und darüber hinaus – dürfen nicht länger als akademisches Bodenpersonal sondern müssen als Wissenschaftler*innen auf Augenhöhe behandelt werden.

Historiker*innen an den Universitäten sollten sich als institutionalisiertes Kollektiv mündiger Bürger*innen mit besonderem Verantwortungsbewusstsein, dazu aufgefordert fühlen, aktiv zu werden. Das könnten sie in der historischen Bildungsarbeit auf vielfältige Weise gewinnbringend tun. In einer idealen Welt wäre es Teil einer jeden wissenschaftlichen Stelle (und nicht bloß der explizit so genannten akademischen *Public Historians* oder der Geschichtsdidaktiker*innen), den Dialog zwischen Universitäten, außeruniversitären Bildungseinrichtungen, aber auch informellen Netzwerken und Sozialisationsinstanzen zu fördern. Ein solches Engagement benötigt jedoch Zeit und kann nicht einfach nebenbei von denjenigen erledigt werden, die sich dazu individuell aufgefordert fühlen, obwohl es nach wie vor andere Kriterien sind, die den Fortbestand der eigenen Stellenerhalt im universitären Rahmen fördern (Drittmittel und wissenschaftliche Publikationen). Es bräuchte dafür an den Universitäten zunächst einmal mehr Zeit, Freiräume für kreative historische Projektarbeit, auch in der

Lehre, und weniger bürokratische Hürden. Auch das ist eine Form der Anerkennung.

Und selbst wenn die institutionellen Handlungsräume bisher häufig noch fehlen, so sollte sich jede*r einzelne Historiker*in direkt angesprochen fühlen. Sie sollten sich nicht auf ihr engeres akademisches Feld zurückziehen, sondern mit einem breiten gesellschaftlichen Vermittlungsanspruch aktiv werden, schon allein aus einer bürgerschaftlichen Verantwortung und Sorge um die Zukunft unserer Gesellschaft heraus. Eine gute Bildung erfahren zu haben, bringt immer zugleich die Verantwortung mit sich, diese weiterzugeben. Ein gesellschaftlich breiterer Aktionismus der universitären Historiker*innen käme nicht zuletzt der Geschichtswissenschaft als Disziplin selbst zugute. Sie könnte so ihre Stellung an der Universität und in der Gesellschaft stärken. Denn die Frage nach der gesellschaftlichen Relevanz von Geschichte – auch und gerade in die Zukunft gewandt – muss die Geschichtswissenschaft in erster Linie selbst und lautstark beantworten, um nicht noch weiter ins Hintertreffen zu geraten. Wenn die Historiker*innen nicht selbst dafür einstehen, wird es auch sonst niemand tun.

Cord Arendes
Wissenstransfer als „Third Mission"
Herausforderungen und Chancen für die
Geschichtswissenschaft

Transferaktivitäten – ein weites Feld ...

Auch in Deutschland steht die Zukunftsfähigkeit der Geistes- und Sozialwissenschaften heute wieder einmal zur Debatte.[1] Die zumeist fachinternen Diskussionen erfolgen überwiegend im Gewand von Positionsbestimmungen und kreisen um die Neuausrichtung von Professionen. Sie lesen sich zumeist als Reaktionen entweder auf – gefühlte oder reale – Bedeutungsverluste oder, seltener, auf Bedeutungszuwächse von Disziplinen. Noch vor der Reputation im wissenschaftlichen Fächerkanon bildet heute aber die öffentliche Anerkennung den vielleicht wichtigsten Indikator für disziplinäre Positionsbestimmungen. Und diese in hohem Maße nach politischen und/oder ökonomischen Kriterien definierte öffentliche Reputation lasse sich, so die nicht nur in hochschulpolitischen Stellungnahmen geäußerte Hoffnung, durch gezielte Maßnahmen auf dem Feld der Wissenschaftskommunikation (stetig) steigern. Dabei überrascht es nicht, dass zu den zentralen Aufgaben von Wissenschaft, so nachzulesen in einem Grundsatzpapier des BMBF im November 2019, gezählt wird, „den Dialog zu suchen, Debatten zu versachlichen und über Herausforderungen und Chancen wissenschaftlicher Entwicklungen aufzuklären".[2] Im internationalen Rahmen wird dieser Katalog seit längerem unter dem Label „Public Understanding of Science (and Humanities)" thematisiert. Insbesondere Vertreterinnen und Vertreter der Humanities kritisieren in diesem Zusammenhang aber das, je nach konkretem Forschungskontext unterschiedlich große, Spannungsverhältnis zwischen den

---

[1] Vgl. u. a. Benedikter, Roland: Die Zukunft der Sozialwissenschaft. Worauf der deutsche Sprachraum sich einstellen sollte. Baden-Baden 2019; Schlotheuber, Eva: „Weiter so" der Geschichtswissenschaften? Zu Situation, Rolle und Aufgaben des Faches im Wissenschaftssystem. In: VHD-Journal. Nr. 8 (2019). S. 4–6.
[2] Bundesministerium für Bildung und Forschung (BMBF) (Hrsg.): Grundsatzpapier zur Wissenschaftskommunikation. http://www.bmbf.de/upload_filestore/pub/Grundsatzpapier_zur_Wissenschaftskommunikation.pdf (20.01.2020).

Anforderungen „strenger Wissenschaftlichkeit" und „öffentlicher Serviceleistung".[3]

Der Wissens- und Technologietransfer ist in den letzten Jahren folgerichtig zu einem neuen hochschulpolitischen Arbeitsfeld geworden. Meilensteine seiner noch jungen Geschichte sind ein gleichnamiges Positionspapier des Wissenschaftsrates (2016)[4] mit Analysen von und Empfehlungen für Transfermaßnahmen sowie eine Entschließung der HRK zu „Transfer und Kooperation" (2017), die die „wissenschaftsbasierte Interaktion" von Hochschulen mit „der Wirtschaft, dem öffentlichen Sektor und der organisierten Zivilgesellschaft" als deren Aufgabe hervorhebt.[5] Beiden Papieren liegt eine offene Definition von Wissens- und Technologietransfer zugrunde. Diese schließt unterschiedliche Formen von Austausch/Transfer beziehungsweise Interaktion/Kooperation ein und setzt sich ein Stück weit von einem Begriffsverständnis ab, welches vor allem die ökonomische Verwertung wissenschaftlicher Erkenntnisse durch die Wirtschaft in den Mittelpunkt rückt.

Nicht nur die Disziplinen, auch die Hochschulen haben in den letzten Jahren ihr traditionelles Rollenverständnis einschneidenden Veränderungen unterworfen und sich den Empfehlungen und Vorgaben von Seiten der (Hochschul-)Politik sukzessive angepasst. Nicht zuletzt im Rahmen der Exzellenzinitiative/-strategie haben einzelne Universitäten eigene Konzepte erarbeitet, um ihre vorhandenen und zukünftig geplanten Maßnahmen im Bereich des Transfers zu bündeln. Zeitgleich wurde das neue Aufgabenfeld durch entsprechend betitelte Prorektorate – zum Beispiel für „Transfer und Weiterbildung" (TU Chemnitz), für „Innovation und Transfer" (U Heidelberg) oder für „Forschung, Transfer und wissenschaftlicher Nachwuchs" (U Bochum) – institutionalisiert. Zu deren Aufgaben zählt neben der Förderung des Wissenstransfers insbesondere die Initiierung von Kooperationen und Partnerschaften mit Wirtschaft, Politik und Gesellschaft. Da deren Nachweis zu einem entscheidenden Kriterium bei der Vergabe öffentlicher und privater Fördermittel geworden ist, sind an die Transferaktivitäten hohe Er-

---

3 Vgl. z. B. Smith, Rogers M.: Political Science and the Public Sphere Today. In: Perspectives on Politics. 13/2 (2015). S. 366–376.
4 Wissenschaftsrat (Hrsg.): Wissens- und Technologietransfer als Gegenstand institutioneller Strategien. https://www.wissenschaftsrat.de/download/archiv/5665-16.pdf?__blob=publicationFile&v=3 (20.01.2020).
5 Entschließung der 23. Mitgliederversammlung der Hochschulrektorenkonferenz, Potsdam, 14.11.2017: Transfer und Kooperation als Aufgaben der Hochschulen. http://www.hrk.de/positionen/beschluss/detail/transfer-und-kooperation-als-aufgaben-der-hochschulen/ (20.01.2020).

wartungen geknüpft. Der Stifterverband stellt mit „Transfer-Audits" entsprechende Beratungsangebote zur Verfügung.[6]

Die Hochschulforschung bezeichnet die „Aktivitäten einer Hochschule, die im Kontext von Lehre und Forschung stattfinden, ohne allein Lehre oder Forschung zu sein" als „Third Mission".[7] Der Begriff liefert eine treffende Beschreibung für die Erweiterung der beiden wissenschaftlichen Kernaufgaben Forschung und Lehre um ein drittes Aufgabenfeld. In der Praxis soll auf diesem Weg Transferaktivitäten, die bereits an Hochschulen stattfinden, zu einer besseren Sichtbarkeit verholfen werden. Zu den Zielen der Third Mission zählt aber auch, diese Maßnahmen in die Leistungsportfolios von Universitäten einzuarbeiten und somit als empirisch gesicherten Vergleichsmaßstab für den Erfolg von Hochschulen und Disziplinen zu nutzen.

Wissenstransfer als Herausforderung für die Geschichtswissenschaft

Die Forderung nach der Dokumentation von Transferaktivitäten wird Historikerinnen und Historiker bei ihrer täglichen Arbeit in Zukunft viel häufiger direkt betreffen – auch wenn die Third Mission kein gänzliches neues Phänomen darstellt: Jürgen Habermas' leicht flapsige vor über drei Jahrzehnten getätigte Bemerkung, schon „der altväterliche Titel des ordentlichen öffentlichen Professors erinnert an den Öffentlichkeitscharakter der Vorlesungen, der Seminare und der wissenschaftlichen Kooperationen in den Arbeitsgruppen der Institute"[8], verweist zumindest darauf, dass die Geschichtswissenschaft seit ihrer Disziplinwerdung im 19. Jahrhundert immer wieder erfolgreich den Schulterschluss mit dem vielbeschworenen bürgerlichen Publikum gesucht hat: Durch unterschiedliche Formen der öffentlichen Geschichtsdarstellung, aber auch durch die Ausbildung von Lehrerinnen und Lehrern; die Diskussionen um Geschichte im öffentlich-politischen Raum einmal ganz bei Seite gelassen. Transferaktivitäten in der Geschichtswissenschaft erschöpfen sich heute aber (nicht mehr) in der Vermittlung

---

[6] Stifterverband (Hrsg.): Transfer-Audit. Ein Service zur Weiterentwicklung der Kooperationsstrategien von Hochschulen mit externen Partnern. http://www.stifterverband.org/transfer-audit (20.01.2020).

[7] Vgl. Henke, Justus [u.a.]: Viele Stimmen, kein Kanon. Konzept und Kommunikation der Third Mission von Hochschulen. Halle-Wittenberg 2015. S. 36–41, S. 40.

[8] Habermas, Jürgen: Über die Idee der Universität. Lernprozesse. In: Eine Art Schadensabwicklung. Hrsg. von Jürgen Habermas. Frankfurt am Main 1987. S. 73–99, S. 96.

historischen Wissens. Deren erfolgreiche und nachhaltige Umsetzung sowie Dokumentation wird in absehbarer Zeit für alle öffentlich geförderten Forschungsprojekte verpflichtend sein. Historikerinnen und Historiker müssen – wenn auch nicht allein aus diesem Grund – verstärkt darüber nachdenken, wie sich ihre Profession zukünftig positioniert. Mit Blick auf den Thema Wissens- und Technologietransfer lassen sich so mindestens drei Herausforderungen für das Fach formulieren:

Unklare Kriterien für Transferaktivitäten

Die Natur-, Technik- und Lebenswissenschaften verfügen seit langem über eindeutige Kriterien für erfolgreiche Transferaktivitäten im Rahmen anwendungsbezogener Forschung oder bei der Anmeldung von Patenten. In den Geistes- und Sozialwissenschaften fehlen diese (bisher). Erprobte Lösungen wie die Gründung von Transfergesellschaften zur Unterstützung bei der Umwandlung von Forschungserträgen in unternehmerische und gesellschaftliche Anwendungen lassen sich nicht oder nur unter besonderen Bedingungen in die Humanities übertragen. Für die Geschichtswissenschaft gilt es, bereits vorhandene Best-Practice-Beispiele zu identifizieren, einen entsprechenden Kriterienkatalog zu entwickeln und auszuformulieren sowie diesen innerhalb der Profession gemeinsam zu diskutieren. Dabei wäre auch zu überlegen, ob eine öffentlichkeitswirksame Vermittlung von Forschungsergebnissen nicht zu kurz greift und ergänzend über eine Identifizierung von erfolgreichen Transferprozessen im Kontext universitärer Lehre nachzudenken ist.

Gewichtung von Forschung, Lehre und Transfer

Die Hochschulforschung zählt zu den Third Mission-Aktivitäten neben Wissens- und Technologietransfer auch Weiterbildung und gesellschaftliches Engagement.[9] Die beiden zuletzt genannten Felder kommen den klassischen Aktivitäten von Historikerinnen und Historikern entgegen. Wenn der Technologie- und Wissenstransfer (fachliche Kompetenzen, formale Kriterien) weiterhin die Domäne der Natur-, Technik- und Lebenswissenschaften darstellt, Weiterbildung und gesellschaftliches Engagement (überfachliche Kompetenzen, normative Annahmen) vor allem in die Zuständigkeit der Geistes- und Sozialwissenschaften fallen,

---

9 Vgl. Henke, Stimmen (wie Anm. 7), S. 41–45.

dann droht an dieser Stelle eine Wiederholung der traditionellen Hierarchisierung der Aufgaben von Hochschulen, das heißt der höheren Gewichtung von Forschung gegenüber der Lehre.[10] Nimmt man den sowohl von der Politik als auch von der Zivilgesellschaft geäußerten Wunsch nach mehr Partizipation von Bürgerinnen und Bürgern an und in der Forschung ernst (Citizen Science), so hat die Geschichtswissenschaft zu überlegen, welches spezifische Verständnis von Öffentlichkeit beziehungsweise von Öffentlichkeitsbezug sie für Forschung, Lehre und Transfer reklamieren möchte: Geht es ihr vor allem um den Nachweis von gesellschaftlichem Engagement oder doch um einen „messbaren" gesellschaftlichen Impact, der über die politikberatende Funktion einzelner Fachvertreterinnen und -vertreter hinausreicht? Das „Buhlen um Aufmerksamkeit"[11] rückt nicht zuletzt wissenschaftsethische Fragen in den Fokus. Hier entsteht ein neues Aufgabenfeld für alle Professionen, die sich dem Ziel, (auch) eine Public Science zu sein, verschreiben.[12]

Begrenzter öffentlicher Wirkungsgrad von Historikerinnen und Historikern

Auch der Grad der öffentlichen Wirkung von Historikerinnen und Historikern lässt sich, fernab der Frage nach der potenziellen Fernseh- oder Debattentauglichkeit weniger Größen der Profession, nicht leicht bestimmen. Ist allen Angehörigen des Faches eher eine „Selbstmedialisierung" zu empfehlen, in deren Rahmen sie den „täglichen Relevanz- und Nützlichkeitstest [...] unter den Augen eines größeren Publikums"[13] eigenständig durchführen? Oder hilft beispielsweise die Inanspruchnahme der Angebote des professionellen Wissenschaftsjournalismus der allseits empfundenen „Tyrannei der Relevanz"[14] zumindest streckenweise entkommen zu können? Historikerinnen und Historiker kommunizieren in der Regel selbst, sie begeben sich allenfalls in die Hände sogenannter Historikerjournalis-

---

10 Vgl. den Beitrag von Thorsten Logge in diesem Band.
11 Weber, Christian: Sex, Fliegen, Ruhm. Wissenschaftler quer durch die Disziplinen buhlen um Aufmerksamkeit. In: Süddeutsche Zeitung. 26.06.2014. S. 24.
12 Vgl. Arendes, Cord u. Siebold, Angela: Zwischen akademischer Berufung und privatwirtschaftlichem Beruf. Für eine Debatte um Ethik- und Verhaltenskodizes in der historischen Profession. In: Geschichte in Wissenschaft und Unterricht. 66 (2015). S. 152–166; Baets, Antoon de: Responsible History. New York 2009.
13 Pörksen, Bernhard: Die Angst des Geisteswissenschaftlers vor den Medien. In: POP. 1/1 (2012). S. 21–25, S. 25, 23.
14 Vgl. Flinders, Matthew: The Tyranny of Relevance and the Art of Translation. In: Political Studies Review. 11/2 (2013). S. 149–167, S. 152–156.

ten, die aber fast immer auch über eine akademische Ausbildung verfügen. Solche Fragen sind zugegebenermaßen nicht neu. Sie wurden bereits vor 40 Jahren ausführlicher diskutiert. Bezeichnenderweise ebenfalls mit Bezug zu einer Öffnung gegenüber der Öffentlichkeit – in diesem Falle der Geschichtsdidaktik: Die „Übersetzer" (wissenschaftlichen Wissens) seien eher ein überflüssiges denn notwendiges Übel, die Forschungsergebnisse der akademischen Historie würden so „in die Hände von Journalisten, Künstlern, Dilettanten, ja selbst Ignoranten geraten".[15] Forschung und Öffentlichkeit wurden, anders als heute, noch strikt voneinander getrennt: „Wissenschaftliches und öffentliches Interesse können allenfalls eine Wegstrecke zusammengehen. [...] im Grunde sind die durch Erschließen neuer Quellen entstandenen Werke für die Öffentlichkeit nur sinnvoll, wenn andere sie benutzen, um die Ergebnisse allgemeinverständlich zusammenzufassen."[16] Diesen Überlegungen liegt ein streng traditionelles Modell der Wissensvermittlung zugrunde: Wissen wird in einem ersten Schritt von Expertinnen und Experten definiert und in einem zweiten an Laien weitergegeben.

Aufgaben für eine zukunftsfähige Geschichtswissenschaft

Die Geschichtswissenschaft wird sich zukünftig nicht weiter der Aufgabe entziehen können, sich zum Wissenstransfer ausführlicher zu äußern und eindeutiger zu positionieren. Die Perspektiven der Disziplin werden auch davon abhängen, ob und inwieweit sie in Forschung und Lehre gesellschaftliche Problemlagen, öffentlich relevante Fragestellungen und Partizipationsforderungen mitzudenken vermag oder sie als Einschränkungen ihrer Wissenschaftsfreiheit interpretiert. Anschlussfähigkeit lässt sich aber nicht theoretisch „erahnen", sondern es gilt vielmehr, sie durch Hinzunahme partizipativer Elemente sowohl in der Forschung als auch in der Lehre gezielt anzustreben. Werden beide Bereiche in ihrem Prozesscharakter ernst genommen, fällt auch der Wissenstransfer leichter. Gerade die jüngsten Entwicklungen an den Rändern der Disziplin, wo es zu Brückenbildungen mit benachbarten, vor allem kultur- und medienwissenschaftlichen Ar-

---

[15] Rohlfes, Joachim: Geschichte in der Öffentlichkeit. In: Geschichte in Wissenschaft und Unterricht. 29 (1978). S. 307–311, S. 307.
[16] Von Aretin, Karl-Otmar: Wer soll die deutsche Geschichte schreiben? Über Wissenschaftlichkeit und Lesbarkeit – Die Historiker und die Praxis. In: Frankfurter Allgemeine Zeitung. 04.10.1979. S. 23.

beitsbereichen gekommen ist und hybride Forschungsfelder sowie Lehr-/Lernansätze entstanden sind, regen zu weiterführenden Überlegungen an:
- Bei der Entwicklung von Kriterien, die helfen, Transferaktivitäten und Transfererfolge für die Geschichtswissenschaft zu definieren sowie empirisch messbar und vergleichbar zu machen, ist zu bedenken, wie eine Abgrenzung zum historischen Wissenstransfer einerseits und zur historisch-politischen Bildung[17] andererseits aussehen kann und ob eine solche Unterscheidung überhaupt notwendig ist. Grundsätzlich ist zu überlegen, ob vorhandene Transferbegriffe aus anderen Kontexten für die Geschichtswissenschaft fruchtbar gemacht werden können oder ob ein eigener oder ein erweiterter Transferbegriff für das Fach entwickelt werden muss, der vor allem reflektiert, dass Wissen nicht einfach „transferiert", sondern je nach Kontext und Publikum, immer auch „transformiert" wird.
- Eine Form der Institutionalisierung des Dialogs zwischen Wissenschaft und Gesellschaft stellen neue Arbeitsfelder wie die Public History oder die Öffentliche Soziologie[18] dar. Sogar über eine „Public Church History"[19] wird nachgedacht. Diese Wege gilt es, trotz bislang wenig Einigkeit in Fragen der Definition des Öffentlichkeitsbezuges und über entsprechende Schwerpunkte in Forschung und Lehre, aktiv sowohl im Rahmen der Geschichtswissenschaft als auch in den Humanities insgesamt, weiter zu beschreiten.
- Teile der Geschichtswissenschaft und auch der Geschichtsdidaktik haben mit der Public History diesen Weg bereits ein Stück weit eingeschlagen: Zum einen, weil hier Fragen der „Anwendung" intensiver diskutiert werden (Auftragsgeschichte); zum anderen, weil die Etablierung erster Arbeitsbereiche und Studiengänge auf diesem Feld dazu geführt hat, stärker als bisher auch dem Öffentlichkeitscharakter von Lehre gerecht zu werden. Nicht zuletzt Lehr-/Lernformate wie Projektseminare stärken den Partizipationsgedanken, in dem sie zum einen konkrete Überlegungen zur Wissensvermittlung beinhalten und zum anderen zur kritischen Reflexion der eigenen Rolle als historische Expertin beziehungsweise historischer Experte beitragen.

---

17 Vgl. den Beitrag von Angela Siebold in diesem Band.
18 Vgl. Lücke, Martin u. Zündorf, Irmgard: Einführung in die Public History. Göttingen 2018; Aulenbacher, Martin [u.a.] (Hrsg.): Öffentliche Soziologie. Wissenschaft im Dialog mit der Gesellschaft. Frankfurt am Main u. New York 2017; Neun, Oliver: Öffentliche Soziologie. Baden-Baden 2019.
19 Ulrichs, Hans-Georg: Zur Verantwortung der Kirchengeschichtsschreibung für Opfer der Kirche. Einige Erwägungen für eine noch zu führende Diskussion. In: Jahrbuch für badische Kirchengeschichte 12 (2018). S. 145–159, S. 151.

- Die Bedeutung von Wissenschaftskommunikation und Wissenstransfers für die Karrierewege des wissenschaftlichen Nachwuchses ist bisher, vor allem im Vergleich mit der Grundlagenforschung und der (internationalen) Publikationstätigkeit, allenfalls als marginal veranschlagt worden. Beide Felder gehören auch nicht zum Kanon der Forschung oder der akademischen Lehre des Faches. Hier gilt es, das Bewusstsein aller am Prozess der akademischen Ausbildung beteiligten Personen weiter zu schärfen und beispielsweise auch die Weiterbildung (nicht nur von Lehrerinnen und Lehrern) als eine geeignete Brücke zwischen Forschung, Lehre und Transfer zu verstehen.
- Die Vertreterinnen und Vertreter der Profession werden zukünftig noch stärker die sich wandelnden Akteurskonstellationen reflektieren müssen: Sie agieren zwar neben anderen „modernen Experten für massenmediale Geschichtsdarstellungen"[20] – sie werden aber trotzdem auch jenseits der Hörsäle, Seminarräume und einberufenen Kommissionen als Angehörige einer eindeutig definierten Profession öffentlich wahrgenommen. Dabei präsentieren sie sich mit wechselnden Publika als beglaubigende Kommentatorinnen auf dem Fernsehbildschirm, als Autorinnen und Autoren von Blogs und Wikipedia-Einträgen, als (Mit-)Diskutanten in sozialen Netzwerken oder als Meinungsmacherinnen via Twitter. Eine Diskussion darüber, ob diese Entwicklungen dazu beigetragen haben, den Markt, auf welchem Geschichte „gehandelt" wird, pluraler, vielleicht sogar demokratischer zu machen, steht bisher noch aus. Sie sollte vor dem Hintergrund steigender Erwartungen an den Wissenstransfer aber unbedingt geführt werden.
- Wenn Historikerinnen und Historiker vor allem über ihre eigene(n) – zum Teil sehr unterschiedlichen – Akteursrolle(n) nachdenken und im wahrsten Sinne des Wortes selbstbewusster agieren, hat das Fach die Chance, (wieder) zu einer im normativen Sinne öffentlichkeitsorientierten Wissenschaft zu werden. Dafür müssen Wissenschaft und Öffentlichkeit vor dem Hintergrund des neuen digitalen Möglichkeitsspektrums[21] aber ihre jeweiligen Erwartungshaltungen gegenseitig stärker zur Kenntnis nehmen und ihr Verhältnis mit Blick auf Erfahrungen, Potenziale und Grenzen ständig über- beziehungsweise neu denken.

Die Vertreterinnen und Vertreter der Geschichtswissenschaft werden auch in Zukunft unter doppeltem Druck stehen: Sie müssen sich immer wieder neu und in

---

20 Süßmann, Johannes: Geschichtsschreibung oder Roman? Zur Konstitutionslogik von Geschichtserzählungen zwischen Schiller und Ranke (1780–1824). Stuttgart 2000. S. 13.
21 Vgl. den Beitrag von Mareike König in diesem Band.

zunehmend kürzeren Abständen an außerwissenschaftliche Logiken anpassen und aktiv am öffentlichen Wettbewerb um Reputation beteiligen. Ein gesundes Maß an Selbstdarstellung ist dabei richtig und wichtig: Diese muss aber neue Orts- und Raumbezüge genauso reflektieren und berücksichtigen wie gewandelte Akteurskonstellationen, hybride Rollenstrukturen oder die Prozesshaftigkeit von Forschung, Lehre und Wissenstransfer im Rahmen von Kooperationen oder Kollaborationen. Wissenstransfer ist ein komplexer Mechanismus der Kommunikation: Er findet immer in einem gegebenen historischen Kontext und unter Berücksichtigung der Beweggründe und Interessen vieler verschiedener Akteurinnen und Akteure statt.[22] Nur auf diesem selbstreflexiven Weg kann es gelingen, die in der Öffentlichkeit vorhandenen Wahrnehmungslücken zu schließen *und* dafür zu sorgen, dass Selbstdarstellung nicht zu einem Imageproblem der Geschichtswissenschaft wird. Historikerinnen und Historiker sollten bei der Darstellung historischen Wissens deshalb sowohl selbstbewusst als auch ganz sie selbst sein.

---

22 Nieto-Galan, Agustí: Science in the Public Sphere. A History of Lay Knowledge and Expertise. London u. New York 2016. S. 217.

Claudia Kemper
Zur Diskrepanz von Geschlecht und Gedöns

Geschlechter(un)gerechtigkeit und Geschichtswissenschaft

Die Geschlechterfrage erfährt seit geraumer Zeit eine erhebliche Re-Politisierung. An der erhöhten Aufmerksamkeit für das Politikfeld Gender haben sowohl die feministische Streitkultur erheblichen Anteil als auch zahlreiche Angriffe auf den Forschungszweig und Kritiken an dessen Begrifflichkeiten. Mitunter wird sogar eine Gender-Krise ausgerufen, die sich aber in einigen Fällen nur als medial verstärkte Streitabbildung entpuppt, in der sich jene, die „mehr" und jene, die „weniger" Gender wollen in zwei Lagern gegenüberstehen. Festzustellen ist, dass selbst jenseits eines individuellen Eindrucks, der die Folge von Skandalisierung, Filterblasen und gefühlten Einbrüchen in die eigene Lebenswirklichkeit sein mag, eine Gleichzeitigkeit von positiven und negativen Entwicklungen in Fragen der Geschlechtergerechtigkeit stattfindet. Nie zuvor war so viel Frauenförderung wie jetzt und schon lange nicht mehr wurde so viel und gehaltvoll über die Möglichkeit gleichberechtigter Arbeitsmöglichkeiten oder über Diskriminierung und Gewalt diskutiert. Und zur gleichen Zeit erlebt die Gender-Thematik einen zweifelhaften Karrieresprung als Hass-Trope schlechthin. Besorgte Eltern fürchten Über-Sexualisierung in Schulen, eine Bundestagspartei will die „unseriösen" Gender-Studies abschaffen und für Terroristen zählt auch der Feminismus zum Feindbild, mit dem sie ihre Mord-Strategien formulieren.

Die Diskussion über Geschlechter(un)gerechtigkeit in der Geschichtswissenschaft soll jedoch nicht um die Frage kreisen, ob es mehr oder weniger Begriffsarbeit oder genderadressierte Programme oder Instrumente braucht, um eine Pari-Pari-Situation in Forschung und Lehre herzustellen. Um eine erste These anzudeuten: Noch mehr Förderprogramme werden die Herausforderungen einer geschlechtergerechten Arbeitssituation in der Geschichtswissenschaft nicht bewältigen, gesetzt den Fall, man sieht diese Herausforderungen als Teil eines systemischen Problems. Sicherlich könnte angesichts der Fülle an Instrumenten und Verfahrensrichtlinien der Eindruck entstehen, die Gender-Perspektive sei nicht nur auf allen Etagen und Ebenen der Universitäten angekommen, sondern dass mit ihr auch die geschlechtergerechte Verteilung von Ressourcen und Machtmitteln Einzug gehalten hat. Wer das annimmt, ist jedoch noch nicht allzu weit über die Erkenntnishöhe der Gedöns-Kategorie eines ehemaligen deutschen Bundeskanzlers hinausgekommen.[1] Hinter der steckt die Überzeugung, dass die

---

1 Als 1998 die erste rot-grüne Bundesregierung gebildet wurde, prägte Bundeskanzler Gerhard

https://doi.org/10.1515/9783110689143-007

Sache mit den Frauen durch eine Extra-Förderung, ein Extra-Gremium oder eine Extra-Ministerialabteilung markiert und damit erledigt werden kann. Etliche Gender-Forschende versuchen seit vielen Jahren diesem gedanklichen Kurzschluss durch gehaltvolle Richtigstellung beizukommen. Sie zeigen, wie „Vergeschlechtlichungen als Teil der Struktur moderner Gesellschaften" zu begreifen sind – wie sie also dazu beitragen unsere „Normalität" in Gänze herzustellen und ähnlich wie Rassismus oder Klassismus[2] konkrete Lebensverhältnisse bestimmen. Folglich lässt sich diese Normalität nur ändern, wenn man sich mit der Geschlechterordnung in allen Bereichen des menschlichen Miteinanders auseinandersetzt.

Es scheint wichtiger denn je, den komplexen Wirkzusammenhang von akademischem Betrieb, Genderforschung und Machtpolitik zu verstehen, um Möglichkeiten aufzeigen zu können, wie sich das – auch in der Geschichtswissenschaft – mitunter wenig produktive Konfliktverhalten in Fragen der Geschlechtergerechtigkeit überwinden lässt. Die Rückschlüsse aus den Daten und Befunden werden hier nicht zum ersten Mal formuliert, aber dürften in Teilen der Geschichtswissenschaft immer noch einen Neuigkeitswert haben.

Zur Situation und Datenlage

In den frühen 2000er Jahren war die institutionelle Frauenförderung in der Fläche der akademischen Betriebe angekommen und die Zahl genderthematisch ausgerichteter Lehrstühle erreichte einen Höhepunkt. Seither hat wohl jede Hochschule in Deutschland eine Gleichstellungsstelle eingerichtet, in der Regel mit einer Förderlinie verbunden, die sich zum Beispiel unter der Überschrift „Vereinbarkeit von Familie und Beruf" an alle Mitarbeitenden aber faktisch überwiegend an Frauen richtet. Mittlerweile sind die institutionell verankerten Frauenförderprogramme und Familienvereinbarkeitsrichtlinien Grundlage für Gütesiegel oder den Zugang zu Drittmitteltöpfen. Es verwundert deshalb kaum, dass solche Programme zugleich strategisch eingesetzt und als Aushängeschilder genutzt werden. Tatsächlich konnten mit der grundsätzlichen Aufwertung von Gleichstellung, verbunden mit der Gleichstellungsarbeit auf Fächerebene, offene geschlechtsspezifische Diskriminierungen eingedämmt werden. Denn die insti-

---

Schröder den Begriff, als er befand, das Bundesministerium für Familie, Senioren, Frauen und Jugend sei zuständig für „Familienpolitik und Gedöns".

[2] Pointiert zusammengefasst, und hier mit Verweis auf Erving Goffman, von der Soziologin Paula-Irene Villa Braslavsky. https://www.gender.soziologie.uni-muenchen.de/lehrstuhlprofil/gender-eine-soziale-tatsache.pdf (13.12.2019).

tutionelle Präsenz des Gender-Themas bewirkte eine Sensibilisierung im täglichen Umgang: wo es Anlaufstellen gibt, da gehen Menschen auch hin; von Anlaufstellen ausgehend engagieren sich die involvierten Menschen für eine Sensibilisierung im Umgang mit dem Thema. So wie in den meisten Organisationen führt das ebenso in Historischen Instituten zu Richtlinien und Leitfäden, zu dezidierter Sprechweise und zu einer zusätzlichen Dimension in Verfahren jeglicher Art („Sind auch Frauen auf der Liste?"). Das Organisieren von Geschlechtergerechtigkeit ist also in der Hochschulorganisation angekommen und dürfte dort – seien wir vorsichtig und sagen: bis auf weiteres – verankert bleiben.

Gleichzeitig wurden in der Geschichtswissenschaft seit den 2000er Jahren viele jener Stellen wieder abgebaut (oder umgewidmet, was einem Abbau entspricht), die sich inhaltlich und analytisch mit Gender-Themen beschäftigen und als solche Stellen dezidiert ausgewiesen waren. Karen Hagemann hat zuletzt für 2012 noch fünf geschichtswissenschaftliche Lehrstühle ausgemacht, die mit einer Teildenomination für Frauen- und Geschlechtergeschichte ausgestattet waren.[3] Mithilfe derselben Datenbank können für 2019 nur noch drei solcher Lehrstühle ausgemacht werden – neben einer ganzen Reihe kurzzeitiger Gastprofessuren.[4] Dieses Zahlenverhältnis zeigt an, dass von *den* Gender-Studies kaum die Rede sein kann, auch wenn zahlreiche Diffamierungskampagnen gegen den Forschungszweig den Eindruck erwecken wollen, die Gender-Studies stünden kurz vor Bildung eines deutschlandweiten ZK.[5] Tatsächlich haben sich engagierte Forschende jahrelang vernetzt, so dass ganz unterschiedliche Disziplinen (Medienwissenschaft, Medizin, Philosophie, Rechtswissenschaft, Soziologie, Bildungswissenschaft, Geschichtswissenschaft, Philologien, Politikwissenschaft, Ingenieur- und Technikwissenschaft) anhand des Themas Gender zusammenfanden und erste Schritte in Richtung Institutionalisierung gingen.[6] Damit wurden Gender-Studies losgelöst von konkreten Forschungsprojekten sichtbar – und zugleich angreifbarer. Historiker*innen haben mit den Gender-Studies einen analytisch hilfreichen Referenzrahmen und können sich zugleich, etwa mit dem Arbeitskreis

---

3 Hagemann, Karen: Gleichberechtigt? Frauen in der bundesdeutschen Geschichtswissenschaft. In: Zeithistorische Forschungen/Studies in Contemporary History. 13 (2016). H. 1. S. 108–135. https://zeithistorische-forschungen.de/1-2016/5333 (02.02.2020).
4 Portal „Datensammlung Geschlechterforschung" des Margeritha-von-Brentano-Zentrums https://www.mvbz.org/database.php (03.03.2020).
5 Hark, Sabine u. Villa, Paula-Irene (Hrsg.): Anti-Genderismus. Sexualität und Geschlecht als Schauplätze aktueller politischer Auseinandersetzungen. 2. Auflage. Frankfurt am Main 2015.
6 Im Januar 2020 beging die Fachgesellschaft Geschlechterstudien ihr 10-jähriges Bestehen. Vgl. https://www.fg-gender.de/pressemitteilung-zur-jubilaeumstagung/ (02.02.2020). Ein weiteres Standbein bildet auch das DFG-Projekt „GenderOpen – Ein Repositorium für die Geschlechterforschung". Vgl. https://www.genderopen.de/ (12.03.2020).

Historische Frauen- und Geschlechterforschung (AKHFG), auf eigene institutionalisierte Netzwerke stützen. Aber diese normative Tatsache – die Existenz von im Selbstverständnis progressiver und emanzipativ ausgerichteter wissenschaftlicher Netzwerke – kann nicht darüber hinwegtäuschen, dass die geschlechtsspezifische Situation in der Geschichtswissenschaft gelinde gesagt schief ist.

Die disparate Befindlichkeitslage in Sachen Gender kann nur damit erklärt werden, dass nicht so sehr das Thema, sondern vielmehr die Sache unter einer erheblichen Diskrepanz leidet. Diese Diskrepanz zeigt sich auf einer organisatorischen und einer machtpolitischen Ebene. Erstens gibt es eine deutliche Schieflage zwischen einer inzwischen selbstverständlichen Frauenförderung und Gleichstellungspolitik innerhalb der Universitäten und Institute auf der einen Seite und der Abwesenheit systematisch eingebundener Geschlechterperspektiven in Forschung und Lehre auf der anderen Seite. Die Folgen sind erheblich. Denn unabhängig davon, ob dem Genderthema und seiner Sichtbarmachung etwas abgewonnen werden kann oder nicht: beide Seiten finden empirisches Futter, um ihre Position auszubauen. Auf Plakaten und Aushängen am Schwarzen Brett ist Gender sichtbar, im Curriculum kaum bis gar nicht. Dass der Streit um die angemessene Berücksichtigung und Umsetzung genderbezogener Themen in Wissenschaft und Gesellschaft so vehement geführt werden kann, ist aber kein Schicksalsschlag. Anstatt einer irgendwie mysteriös wirkenden Gemengelage aus gleichzeitiger Ungleichzeitigkeit und überbordendem Meinungspluralismus die Schuld zu geben, sollte das Kind, genauer gesagt der Verursacher zahlreicher Konflikte, bei seinem Namen genannt werden: Machtpolitik. Legt man einen weiten Machtbegriff zugrunde, der Weber und Arendt zu integrieren sucht, dann zeigt sich Macht bekanntlich da, wo Einfluss entsteht, der wiederum Veränderung oder Beharrung bewirkt. Eine in diesem Sinne verstandene machtpolitische Konstellation in der Geschichtswissenschaft ist die zweite Ebene, auf der sich eine erhebliche Diskrepanz zwischen den Geschlechtern zeigt.

Einige Zahlen können diese machtpolitische Ebene konkretisieren. Für 2017 gibt das Statistische Bundesamt bei einer Auszählung für alle Hochschulen an, dass im Fach Geschichte insgesamt 5.619 Personen in einem wissenschaftlichen Angestelltenverhältnis arbeiteten, davon 2.459 Frauen und 3.160 Männer.[7] Das zahlenmäßige Ungleichgewicht spiegelt sich in allen Statusgruppen, wobei drei besonders auffallen.

---

[7] Statistisches Bundesamt (Destatis): Personal an Hochschulen 2017 – Fachserie 11, Reihe 4.4 (24.09.2018). S. 128. https://www.statistischebibliothek.de/mir/servlets/MCRFileNodeServlet/DEHeft_derivate_00041050/2110440177004.pdf (13.02.2020).

Tab. 1: Personal an Hochschulen

	Ges.	Prof.	Doz./ Ass.	Wiss. Mit	LfbA	Gastprof. Emeriti	Hon.Prof. PD	Wiss.HK Tutor*innen
Männer	3160	493	30	1.320	69	25	640	583
Frauen	2459	256	32	1.059	57	4	423	628
Gesamt	5619	749	62	2.379	126	29	1.063	1.211

Liegt das Gesamtverhältnis von weiblichen und männlichen Angestellten bei 44 zu 56 Prozent, verteilen sich die Professuren nur zu 34 Prozent auf Frauen und zu 66 Prozent auf Männer. Ein noch deutlicherer Unterschied zeigt sich bei den Gastprofessuren, also in jener Statusgruppe, die nicht nur, aber besonders stark von persönlicher Bekanntschaft und einem soliden Netzwerk abhängt. In keiner Statusgruppe stellen Frauen die Mehrheit, außer bei den Wissenschaftlichen Hilfskräften, von denen über die Hälfte weiblich ist.

Karriereverläufe sind bekanntermaßen nicht (allein) von Leistung abhängig, sondern vom Grad der Vernetzung und der – im Sinne der Karriere – Qualität der Netzwerke, in denen man agiert. Neben informellen Netzwerken wirkt sich das Engagement in formalen Organisationsstrukturen positiv aus, wenn es sich dabei um einflussreiche oder mindestens etablierte Organisationen handelt. Für die Geschichtswissenschaft gibt es drei entscheidende Groß-Organisationen, die über Finanzierung, Karriere und inhaltliches Agenda-Setting maßgeblich mitentscheiden[8]: die Deutsche Forschungsgemeinschaft (DFG), der Deutsche Hochschulverband (DHV) und der Verband der Historiker und Historikerinnen Deutschlands (VHD)[9].

Laut Auskunft der DFG lag der Frauenanteil in den Jahren 2016 bis 2018 sowohl bei Antragstellung als auch Bewilligung im Fachkollegium Geschichtswissenschaft bei rund 29 Prozent (tröstliche 6 Prozentpunkte mehr als im Durchschnitt über alle Fachkollegien hinweg). Historikerinnen stellen demnach nicht mal ein Drittel aller Forschungsanträge bei der DFG und am Ende verteilt sich nur ein Drittel der Fördermittel auf Historikerinnen. Wer jetzt ruft „Schreibt mehr Anträge!", verkennt, dass die Bedingungen für die erfolgreiche Fertigstellung eines Antrags in den Organisationen und Arbeitsbedingungen der Wissenschaft liegen, die wiederum von struktureller Geschlechterungerechtigkeit durchzogen sind. Sicherlich bewertet ein DFG-Gutachten zunächst das Konzept eines Antra-

---

8 Ich danke Guido Lammers (DFG), Matthias Jaroch (DHV) und Markus Goldbeck (VHD) für ihre hilfreiche Auskunft und Zurverfügungstellung der Daten.
9 In diesem Zusammenhang bildet das offizielle Kürzel VHD ein bemerkenswertes Detail, da die ebenso offizielle Langversion „Verband der Historiker und Historikerinnen Deutschlands" lautet.

ges, aber ohne den Verweis auf Ressourcenanbindung und Kooperationen mit einflussreichen Akteuren und Akteurinnen kommt kein Antrag aus. Und diese sind in den Interessenverbänden noch deutlicher als in der Angestellten- oder DFG-Statistik verteilt. So verzeichnete der DHV im Dezember 2019 insgesamt 32.639 Mitglieder, davon 23.714 männlich und 8.925 weiblich. Unter den Mitgliedern ordnen sich 1.173 dem Fachbereich Geschichte zu; davon sind 773 männlich und 400 weiblich. Der VHD hat 3.420 Mitglieder, davon sind 2.161 männlich und 1.211 weiblich. Die Verteilung nach Alters- und Statusgruppen zeigt, dass männliche, ältere, hochrangige Akteure durchweg besser organisiert sind, als alle anderen Akteursgruppen.

Tab. 2: Mitgliederstatistik des VHD 2019

	Mitglieder	21–35 Jahre	36–50 Jahre	51–64-Jahre	65+
Männlich	63,1 %	52,5 %	59,7 %	64,0 %	82,8 %
Weiblich	35,4 %	46,6 %	39,6 %	35,6 %	17,2 %
Divers	1,5 %	0,9 %	0,7 %	0,4 %	0,0 %

	Prof. Dr.	Dr.	Ohne Titel
Männlich	75,10 %	60,30 %	58,10 %
Weiblich	24,80 %	38,90 %	41,30 %
Divers	0,10 %	0,80 %	0,60 %

Es gibt sowohl eine Diskrepanz zwischen Gleichstellungspolitik und Anerkennung geschlechterhistorischer Forschung als auch eine Diskrepanz zwischen Frauen und Männern beim Zugang zu einflussreichen Positionen. Aufeinander bezogen machen beide Ebenen die Komplexität von Geschlechter(un)gerechtigkeit in der Geschichtswissenschaft nachvollziehbar. Zum einen wird im Vergleich mit der Anwendungsebene von Gleichstellung die analytische Auseinandersetzung mit der Geschlechterperspektive nur gering geschätzt und zum anderen bleiben, allen Bekenntnissen zum Trotz, die Machtpositionen in der Wissenschaft ungleich zwischen Frauen und Männern verteilt.

Hinzu kommt noch eine weitere Auffälligkeit. Frauenförderung ist in der Wissenschaft angekommen und sie ist – wenn man denn in solchen Kategorien sprechen möchte – ein sichtbarer Erfolg der Gleichstellungspolitik, für die viele Jahre gekämpft wurde. Konsequenterweise wenden sich viele Programme an Frauen *und* Männer zugleich, um Schwierigkeiten bei der Vereinbarkeit von Familie und Beruf abzubauen. Letzteres ist aber nur ein Punkt neben anderen, wenn von Gleichstellungspolitik die Rede ist. Sie ist in ihrer derzeitigen Verfasstheit nicht in der Lage, die Ursachen von Geschlechterungerechtigkeiten im Fach Geschichte zu beseitigen. Sie laboriert an den Folgen herum und – schlimmer noch – gerät dabei unter die Räder einer zahnlosen Repräsentationspolitik. Und das liegt an machtpolitischen Vorgängen innerhalb der Gesamtorganisation Hochschule, die vor allem in den letzten Jahren eine deutliche Dynamik erfahren haben.

In den vergangenen Jahren wurden Universitäten zusehends von Eingriffen aus der Landespolitik entlastet und mit eigenständiger Verantwortung ausgestattet, um sich im Wettbewerb zu bewähren. Mit diesem Prozess der „Autonomisierung" von Hochschulen verschärft sich aber nicht nur das effizienzökonomische Denken im Wissenschaftsbetrieb, sondern es geht eine unvergleichliche und gar nicht klammheimliche Verlagerung der Machtkompetenzen in die Zentralen von Universitäten, in die Präsidien und Rektorate, vor.[10] Ähnlich wie die meisten Machtzentren neigen Universitätsleitungen dazu, machtkritische Freistätten innerhalb der eigenen Organisation zu befrieden und zu absorbieren. Anschaulicher formuliert: Imperien können ganz gut mit Gegnern an den Außengrenzen leben, aber nur bei schlechtester Laune mit gallischen Dörfern im eigenen Machtbereich. Zwar führten bundesdeutsche Gesetze schon seit 1957 den Verweis auf „Gleichberechtigung" im Titel, aber es dauerte viele Gesetzesverfahren lang bis unter anderem 1985 für Hochschulen die gesetzliche Regelung in Kraft trat, auf die Beseitigung der bestehenden Nachteile für Wissenschaftlerinnen hinzuwirken. Als die Gleichstellung von Frauen und Männern ab einem bestimmten Zeitpunkt nicht nur rechtlich, sondern auch politisch gewollt war, wurde sie von Präsidien, Rektoraten, Dekanaten und anderen Leitungsebenen als ein Instrument der Systemverbesserung für sich entdeckt und herangezogen. Insgesamt verfahren Universitäten sehr disparat mit der Gleichstellung, erkennbar ist aber die Tendenz, dass Gleichstellungsstäbe nicht mehr als autonome Einheiten, sondern als Teil der universitären Leitungsebene gesehen und verankert werden.[11]

---

10 Kühl, Stefan: „Die deregulierte Hochschule ist ein Mythos". In: Forschung & Lehre. 4/2019. https://www.forschung-und-lehre.de/management/die-deregulierte-hochschule-ist-ein-mythos-2331/ (03.03.2020).

11 Im Rahmen der Exzellenzstrategie hat die Universität Hamburg ein umfangreiches, hochwertiges Gleichstellungsprogramm entwickelt; die entsprechende Stabsstelle ist Teil der Präsidialverwaltung. https://www.uni-hamburg.de/gleichstellung.html (12.03.2020). Ähnlich ist die TU Dresden organisiert, wobei es neben der Stabsstelle Diversity noch eine Zentrale Gleichstellungs- und Frauenbeauftragte gibt. https://tu-dresden.de/tu-dresden/chancengleichheit/gleichstellung/gremien-und-zustaendigkeiten (12.03.2020). An der Universität Tübingen wiederum wird die Gleichstellungsbeauftragte im Bereich „Personalvertretungen und Beratungsdienste" verortet. https://uni-tuebingen.de/einrichtungen/ (12.03.2020). An der Universität Konstanz gilt

Gesellschaftskritik statt Leuchtturmpolitik

Die finanzielle und hierarchische Aufwertung gleichstellungspolitischer Arbeitseinheiten ist sinnvoll. Es besteht aber unweigerlich die Gefahr, auf dem Wege einer solchen Inkorporierung gesellschaftskritisches Potenzial zu verlieren. Ohne gesellschaftskritisches Potenzial der Arbeitseinheit fehlen jedoch wichtige Impulse in der Forschung und der täglichen Praxis der Wissenschaft. Im schlimmsten Fall setzt sogar ein gegenteiliger Effekt ein. Stellen wir uns eine Situation im Mittelbau eines x-beliebigen Historischen Instituts vor, an dem Frau Dr. Müller und Herr Dr. Meier unter den üblichen Anstellungsbedingungen arbeiten. Dr. Meier denkt über sein Seminarkonzept für das kommende Semester nach: „Jetzt ist also Frau Müller im Coaching-Programm und bekommt Geld für ihr gendersensibles High-End-Lehrformat. Da wird der Gleichstellungsfonds also erst im nächsten Jahr wieder was ausschütten. Dann mach ich mir jetzt weiter keinen Kopf und konzipiere mein Seminar wie immer. Schon das Nachdenken über eine diverse Literaturliste kostet Zeit und Nerven, dabei muss ich noch den Antrag schreiben." Wer mag Dr. Meiers strategisches Verhalten nicht nachvollziehen können, da ihm die Gender-Thematik nur als selektives und punktuelles Karriereförderungsinstrument begegnet?[12] Langfristig könnte sich das Engagement von Dr. Meier aber verbessern, wenn er über divers orientierte Seminarkonzepte nachdenkt. Produktiv wäre eine Arbeitssituation, die nicht nur ergebnisorientiert ausgerichtet ist, sondern auch den Prozess wertschätzt und deshalb gesellschaftskritische Perspektiven (race, class, gender, ...) selbstverständlich integriert und ausprobiert; eine Arbeitssituation, in der mit Kolleginnen und Kollegen, womöglich sogar mit Vorgesetzten, Gespräche über gesellschaftspolitische Themen geführt werden, die ohne den obligatorischen Passt-das-in-einen-Antrag-Nachsatz auskommen. Die Geschlechterperspektive ist im wissenschaftlichen Arbeitsprozess an Hochschulen solange nicht „integriert", wie sie nur als zusätzlicher Bulletpoint im Organigramm des Präsidiums auftaucht, sondern dann, wenn sie in der Arbeitswirklichkeit des wissenschaftlichen Personals einen gleichrangigen Platz neben anderen einnimmt und als Möglichkeit für kritischen Austausch genutzt wird.

---

das Referat für Gleichstellung als Interessenvertretung https://www.uni-konstanz.de/universitaet/leitung-organisation-und-verwaltung/ (12.03.2020). Die LMU München hat eine Frauenbeauftragte für das wissenschaftliche und eine Gleichstellungsbeauftragte für das nichtwissenschaftliche Personal. https://www.uni-muenchen.de/einrichtungen/orga_lmu/beauftragte/index.html (12.03.2020).

12 Binner, Kristina [u.a.] (Hrsg.): Die unternehmerische Hochschule aus der Perspektive der Geschlechterforschung. Zwischen Aufbruch und Beharrung. Münster 2013.

In der Geschichtswissenschaft sehen wir den beschriebenen Zusammenhang *in nuce:* viel Förderung, wenig integrierte Genderthematik in Forschung und Lehre, viel Präsenz des Themas, wenig Systemveränderung, zunehmende Frontstellung. Kurz: der „Erfolg" von Gleichstellungspolitik ging auf Kosten einer feministisch-kritischen Politik und Haltung.[13] Vielleicht herrscht also doch Krise und wir nähern uns, nach Jahren der emanzipatorischen Konflikte, des Terraingewinns und rechtlicher Grundsicherung, dem Kern des Problems, der sich als besonders hart erweist: Welche Akteure auf welchen Positionen haben die Möglichkeit zur machtvollen Einflussnahme? Wer hat die Ressourcen? Wer entscheidet? Wer hat das Sagen?

Ein systematischer Wandel in der akademischen Praxis würde nicht nur den Stand der Geschlechtergerechtigkeit verbessern, sondern hätte positive Auswirkungen auf den gesamten geschichtswissenschaftlichen Betrieb. Denn der Rückschluss aus dem Gesagten kann nur lauten: es braucht viel, viel mehr Transparenz, vor allem wenn es um Geld und Verfahren geht. So veröffentlicht der DHV zwar Kolonnen an Datenmaterial über die Einkünfte von Professorinnen und Professoren, aber welche Leistungsbezüge Kollege X ausgehandelt hat, der eine Tür weiter sitzt, wird Kollegin Y immer nur gerüchteweise erfahren. Finanzielle Transparenz setzt ein Mindestmaß an gemeinsamen Interessen in dieser Frage voraus, die sich in der Logik der Lehrstuhl-Konkurrenz nur schwer generieren lassen. Würden Historikerinnen und Historiker in Departments arbeiten, wie unter anderem von der Jungen Akademie konzipiert[14], wäre ein Anfang gemacht. Auch Auswahlverfahren jeglicher Art brauchen mehr Transparenz, denn ansonsten bleibt die sogenannte Gläserne Decke, an die Frauen stoßen, wenn sie in der Hierarchie ganz nach oben wollen, aus Panzerglas. Hagemann hat schon vor gut acht Jahren alle gängigen Klischees widerlegt, warum es Frauen nicht gelänge, nach „ganz oben" zu kommen. „Entgegen der weitverbreiteten Annahme, die sich sowohl in der Berichterstattung der Medien zeigt als auch in der Politik von Bund, Ländern und Hochschulen niederschlägt, ist es weder der Mangel an qualifizierten Frauen, die unter anderem durch Mentoring-Programme besonders für höhere Positionen vorbereitet werden müssten, noch das Problem der Verein-

---

13 Hark, Sabine: Vom Erfolg überholt? Feministische Ambivalenzen der Gegenwart. In: Erfolg. Konstellationen und Paradoxien einer gesellschaftlichen Leitorientierung. Sonderband, Leviathan (2014) 42/29. Hrsg. von Dennis Hänzi [u. a.]. S. 76–91.
14 Specht, Jule [u. a.]: Departments statt Lehrstühle: Moderne Personalstruktur für eine zukunftsfähige Wissenschaft. Debattenbeitrag der AG Wissenschaftspolitik der Jungen Akademie 2017. https://www.diejungeakademie.de/fileadmin/user_upload/Dokumente/aktivitaeten/wissenschaftspolitik/stellungnahmen_broscheuren/JA_Debattenbeitrag_Department-Struktur.pdf (03.03.2020).

barkeit von Familie und Beruf, das die anhaltende Benachteiligung von Frauen im akademischen System allgemein und damit auch in der Geschichtswissenschaft verursacht, sondern vor allem die akademische Kultur."[15]

Erst wenn sich an den intransparenten Besetzungs- und Begutachtungspraktiken etwas ändert, wenn Gleichstellung nicht nur als repräsentative Leuchtturmpolitik betrieben wird, sondern mit einer integrierten Genderthematik in Forschung und Lehre einhergeht und erst wenn die Kategorie Geschlecht als ein diskussionswürdiger Teil der wissenschaftlichen Arbeitswirklichkeit gewertschätzt wird, erst dann werden sich tradierte geschlechtsspezifische Zuschreibungen und Muster der Geschlechterordnung in der Geschichtswissenschaft substanziell ändern.

---

15 Hagemann, Gleichberechtigt? (wie Anm. 3).

Mareike König
Geschichte digital

Zehn Herausforderungen

Richtungsstreits über Quellen, Methoden und Fragestellungen sind in der Geschichtswissenschaft nichts Neues. Vielmehr prägen sie die Entwicklung des Fachs seit seiner Professionalisierung im 19. Jahrhundert. In Abfolgen von Themensetzungen, Trends und Turns werden dabei ältere Formen der Wissensgenerierung und Schlaglichtsetzung nie vollständig durch neue ersetzt, auch wenn Forschungsergebnisse revidiert werden. Vielmehr ergänzen neue Methoden, Fragestellungen und Quellen genau wie das damit einhergehende neue Vokabular das Fach und führen zu einer belebenden Pluralisierung von Geschichtsforschung, ihren Ergebnissen und deren Verbreitung.

Dies trifft in Teilen auch auf die digitale Transformation zu, die seit mehreren Jahren nicht nur auf Gesellschaft, Kultur und Wirtschaft, sondern auch auf Forschung und Lehre einwirkt. Doch ist sie mehr als ein bloßer inhaltlicher oder methodischer Turn. Vielmehr stellt sie ganz grundlegend die Art und Weise in Frage, wie in der Geschichtswissenschaft Wissen geschaffen, bewertet, gelehrt, kommuniziert und publiziert wird. Mit der Akzeptanz dieser Änderungen sowie der Professionalisierung der eigenen digitalen Praktiken tun sich Historiker*innen gegenwärtig schwer, zum Schaden des Fachs und zum Nachteil des Nachwuchses. Denn es besteht dringender Handlungsbedarf, allein schon, um auch zukünftig Quellen mit der notwendigen Gründlichkeit finden, bewerten und analysieren zu können.

Dieser Beitrag zeigt zehn Herausforderungen auf, die der digitale Wandel an uns und unser Fach stellt. Gemeinsam ist ihnen, dass es sich zugleich um Chancen handelt, die disziplinäre Wissenschaftskultur konstruktiv zu durchdenken und die Relevanz der Geschichtswissenschaft für die Gesellschaft neu zu definieren.

1 Digitale Transformation des Fachs anerkennen und kritisch gestalten

Der digitale Wandel ist kein singuläres Ereignis, sondern ein langer und anhaltender Prozess, der weder stets rasant und linear verlief noch zukünftig so verlaufen wird.¹ In der Geschichtswissenschaft gehen die Anfänge der computergestützten Forschung auf die frühen 1960er Jahre zurück, als in der Sozial- und Wirtschaftsgeschichte in großem Stil Daten verarbeitet und komplexe Modelle menschlichen Handelns entwickelt wurden. Als quantitative Geschichte oder Cliometrics löste sie damals bereits einen ähnlichen Abwehrreflex aus, den die digitale Geschichte heutzutage erfährt. Es waren technische Neuerungen, die dafür sorgten, dass sich Alltag, Kultur, Berufsleben und mithin die Welt der Geschichtsforschung in den letzten 40 Jahren erheblich verändert haben: Zu nennen sind in erster Linie die Einführung von PCs seit Mitte der 1980er Jahre sowie die rasante Verbreitung des Internets ab den frühen 1990er Jahren. Mit Bibliothekskatalogen, Datenbanken, massenhaft digitalisierten Quellen und Artefakten, Editions- und Publikationsplattformen, digitalen Analysetools sowie den Möglichkeiten zu Austausch, Vernetzung und Selbstpublikation ist das Web zu einem zentralen Ort der historischen Forschung geworden.²

Diese hier nur angedeuteten Entwicklungen sind zu tiefgehend, als dass die Geschichtswissenschaft ihnen mit einer ablehnenden oder vermeidenden Haltung begegnen kann. Denn die Rahmenbedingungen der Wissensproduktion sind digital geworden und von Algorithmen geprägt. Zum einen ist die Verankerung der Geschichtswissenschaft in der Gegenwart zentral, wenn sie nicht nur nostalgische Neugierde bedienen, sondern zum Verständnis der aktuellen Welt beitragen möchte.³ Zum anderen beeinflusst die Arbeit mit digitalen Quellen, Werkzeugen und Infrastrukturen die Art und Weise, wie Historiker*innen Geschichte denken und folglich auch, wie sie historischen Sinn produzieren. Die Anerkennung dieses Wandels ist gleichsam die Grundlage für die Professionalisierung der eigenen digitalen Praktiken und dafür, die Transformation nicht nur zu erleiden, sondern aktiv zu gestalten und die epistemologischen Änderungen zu reflektieren.

2 Digital Literacy lernen

Informiertes und kompetentes Forschen im digitalen Raum will gelernt sein. Unter dem Schlagwort *Digital Literacy* werden methodisch fundierte Kenntnisse zu-

---

1 Vgl. Bösch, Frank (Hrsg.): Wege in die digitale Gesellschaft. Computernutzung in der Bundesrepublik 1955–1990. Göttingen 2018.
2 Anderson, Ian: History and Computing. In: Making history. The changing face of the profession in Britain. 2008. https://archives.history.ac.uk/makinghistory/resources/articles/history_and_computing.html (04.03.2020).
3 Rygiel, Philippe: Historien à l'âge numérique. Paris 2017. S. 10.

sammengefasst, die heutzutage alle Historiker*innen benötigen. Sie betreffen Suchen, Bewerten und Verwenden von digitalisierten Primärquellen, Sekundärliteratur und Medien, rechtliche und ethische Kenntnisse sowie die kritische Bewertung von Online-Angeboten.

Zentral ist das Beherrschen einer „Heuristik des Suchens".[4] Denn für die Forschungsergebnisse sind die Suche und das, was sie zutage fördert und was sie im Dunkeln lässt, ganz entscheidend. Auch wenn einfache Suchschlitze den schnellen und umfassenden Zugang auf Milliarden von digitalen Volltexten, Objekten und Datensammlungen ermöglichen: Sie überdecken die methodischen Fallstricke und Einschränkungen und blenden aus, dass Suchmaschinen stets zugleich Vermittler sind mit spezifischen Möglichkeiten und Beschränkungen, die es zu kennen gilt.

Zur *Digital Literacy* gehören ebenso die Kompetenzen, retrodigitalisierte von born digital-Quellen und bibliographische Online-Datenbanken von Publikationsplattformen zu unterscheiden sowie Online-Sammlungen methodisch zu durchleuchten: Jede digitale Sammlung stellt eine Auswahl dar. Zusammen mit der Präsentation über eine Weboberfläche, deren Schrift, Farben und Möglichkeiten des Zugriffs bedeutet diese Auswahl ein inhaltliches Argument. Andere Fragen als bei der Lektüre von gedruckten Büchern sind notwendig: Suche ich im Volltext oder in den Metadaten? Welche Algorithmen bestimmen die Reihenfolge der Suchergebnisse? Bleiben diese gleich? Wie zitiere ich die digitale Quelle? Wie und unter welchen Bedingungen darf ich diese weiterverwenden?

Ebenso wird angesichts der schieren Masse an online vorhandenen Digitalisaten leicht übersehen, dass in Europa bisher lediglich rund 4 Prozent der Sammlungen von Gedächtnisinstitutionen digitalisiert wurden. Online zu finden sind vor allem textbasierte Quellen aus dem globalen Norden, mit einem Fokus auf die Nationalgeschichte. Dies hat bereits jetzt nachgewiesenen Einfluss auf die Themensetzung in der Geschichtsforschung.[5] Nur etwas über die Hälfte der Digitalisate ist mit standardisierten Metadaten ausgezeichnet.[6] Sich ausschließlich auf eine Volltextsuche zu verlassen, die je nach OCR-Qualität vielfach weniger als

---

[4] Fickers, Andreas: Digitale Metaquellen und doppelte Reflexivität. In: H-Soz-Kult. 26.01.2016. https://www.hsozkult.de/debate/id/diskussionen-2954 (04.03.2020).
[5] Graham, Shawn [u. a.]: Exploring Big Historical Data. The Historian's Macroscope. London 2016. S. 48.
[6] Zahlen bei: Gooding, Paul: Historic Newspapers in the Digital Age. „Search all about it". London 2017. S. 115.

die Hälfte aller Wörter erkennt, ist daher „Roulette als Wissenschaft getarnt"[7] und hat mit methodischer Gründlichkeit nichts zu tun.

Bei der Arbeit mit Digitalisaten besteht zudem die Gefahr eines Kontext-Kollapses, etwa wenn Suchergebnisse nicht ausreichend kontextualisiert werden. Eine Diskussion in der internationalen Geschichtsforschung warnt vor einem Trend, Einzelsuchergebnisse aus der weltweit digitalisierten Tagespresse ohne Berücksichtigung ihres geographischen, politischen und historischen Kontextes als bloße Zitatsammlung für eine bereits feststehende Argumentation zu verwenden.[8]

3 Digitale Praktiken benennen

Historiker*innen müssen digitale Praktiken nicht nur von Grund auf erlernen. Sie müssen sie vor allem benennen und transparent machen, damit Forschungswege und -ergebnisse nachvollziehbar sind. Auch erhalten nur so die verwendeten Volltext- und Objektsammlungen, Editionsprojekte, Datenbanken und Werkzeuge ihre verdiente Anerkennung.

Tim Hitchcock hat darauf verwiesen, wie sehr wir Gefangene unserer eigenen überholten Praktiken sind: Wir lesen Journal-Aufsätze online, zitieren aber die gedruckte Ausgabe; wir durchsuchen Quellensammlungen mit Stichwörtern, und tun dabei so, als ob wir die Druckfassung vollständig durchgesehen hätten; wir suchen in Google-Books nach Snippets, und tun so, als täten wir es nicht.[9] Schwerwiegend ist dabei nicht nur das Verheimlichen der digitalen Praktiken, sondern das häufig damit verknüpfte Übersehen methodischer Fallstricke, etwa im Hinblick auf Fehler bei der Texterkennung.

Um die zahlreichen namenlosen digitalen Praktiken an die Oberfläche zu holen, sichtbar zu machen und zu benennen, benötigen wir neue Erzählungen über das wissenschaftliche Arbeiten im digitalen Raum, neue Meistererzählungen der digitalen Praktiken.

---

[7] Hitchcock, Tim: Academic History Writing and its Disconnects. In: Journal of Digital Humanities. 1 (2011). H. 1. http://journalofdigitalhumanities.org/1-1/academic-history-writing-and-its-disconnects-by-tim-hitchcock/ (04.03.2020).
[8] Vgl. Putnam, Lara: The Transnational and the Text-Searchable: Digitized Sources and the Shadows They Cast. In: American Historical Review. 121 (2016). H. 2. S. 377–402.
[9] Ibid.

4 Born digital-Quellen und die Arbeit der Archive verstehen

Ein immer wichtiger werdender Teil der sozialen Interaktion findet heute im Netz statt und hinterlässt dort Spuren: Tweets, Blogs, Computerspiele, Mailinglisten, Websites etc. sind potentielle Quellen, die menschliches Verhalten spiegeln. Schon in vier bis fünf Jahren kommen wir diesbezüglich in eine „digitale Sintflut", während wir aktuell nur die Zehen im Wasser haben.[10] Auch die in Archiven aufbewahrte historische Überlieferung ist mit elektronisch geführten Akten und Schriftverkehr *born digital* geworden. Diese Quellen sind multimodal und multidimensional, sie erlauben Interaktion, Veränderungen, Korrekturen oder das Löschen. Damit müssen bisherige Konzepte des „Originals" und der „Authentizität" überdacht und Kriterien für eine digitale Quellenkritik erarbeitet werden.

Bei der Archivierung des Onlinewebs bestehen die Herausforderungen neben Zuständigkeiten und technischen Lösungen vor allem bei der verlässlichen Bewertung und Belegung der Authentizität und Integrität von Quellen. Ebenso werden Forschende zunehmend ihre eigenen digitalen Archive aus dem Web produzieren, was methodische und rechtlich-ethische Fragen genauso impliziert wie die Notwendigkeit eines Forschungsdatenmanagements.

Wie analoge Quellen können auch born digital-Quellen nicht vollständig archiviert werden. Zugleich ist das Eingreifen bei ihrer Archivierung sehr viel weitreichender als bei Papier oder Objekten und geht mit einer Veränderung der Quelle einher. Inhalte einer Datenbank beispielsweise werden nur in Auszügen und als statisches PDF, Webseiten als Screenshots archiviert; aus born digital werden dadurch re-born digital-Quellen.[11] Wenn aber Links, Interaktionen oder Such- und Sortiermöglichkeiten verloren gehen, ist der ursprüngliche Verwendungszusammenhang nicht mehr gegeben. Das wirft die Frage auf, wie sich diese Eingriffe auf unsere Erkenntnismöglichkeiten auswirken. Für die historische Forschung ist es unerlässlich, diese Eingriffe bei der Archivierung zu verstehen und gemeinsam mit Archivar*innen über die epistemologischen Folgen nachzudenken.[12]

---

[10] Winters, Jane: Reflections on the past, present and future of digital archives. Vortrag am 18.9.2019 am C2DH, Luxemburg, https://www.c2dh.uni.lu/data/lecture-jane-winters-reflections-past-present-and-future-digital-archives-recording-and (04.03.2020).
[11] Vorschläge zu Bewertung bei Brügger, Niels: The Archived Web. Doing History in the Digital Age. Cambridge 2018.
[12] König, Mareike: Geschichtsforschung und Archive im digitalen Zeitalter: Chancen, Risiken und Nebenwirkungen. In: Archivar. Zeitschrift für Archivwesen. 73 (2020).

5 Digitales Denken lernen

Ein Update des häufig zitierten Diktums des französischen Mediävisten Emmanuel Le Roy Ladurie von 1968 könnte lauten: Die Historikerin von morgen muss digitales Denken lernen, oder es wird sie nicht mehr geben. Denn angesichts der sich verändernden Quellenlage werden über kurz oder lang alle historisch Forschenden zusätzlich über digitale Methoden verfügen müssen: um sie selbst anzuwenden, oder um das Zustandekommen wie die Ergebnisse anderer lesen und begreifen zu können. Nur so sind ein pluralistischer Diskurs innerhalb des Fachs und eine angemessene Bewertung von Forschungen im Bereich der Digital History möglich. Diese befindet sich nämlich nicht, wie bisweilen postuliert, in einem Zustand des „ewigen Versprechens",[13] sondern hat auch über die Digitalisierungsprojekte hinaus sehr wohl Ergebnisse geliefert, die es jedoch zu begreifen gilt.

Digitales Denken meint daher aufbauend auf den bereits genannten Kompetenzen der Digital Literacy vor allem die Art und Weise zu verstehen, wie in der digitalen Geschichte argumentiert und Fragen gestellt werden. Denn der Computer ist nicht nur zur Vereinfachung von Abläufen für die Geschichtsforschung von Interesse, sondern weil er zu einer anderen Perspektive auf historische Quellen zwingt, zu einer experimentalen Herangehensweise, deren Wert weniger in der Validierung von Hypothesen als in der Generierung neuer und anderer Fragen liegt.[14]

6 Computergestützte Methoden einsetzen

Unter computergestützter Geschichte wird das Analysieren und Visualisieren von historischen Daten unter Verwendung von Tools oder einer Programmiersprache verstanden. Dazu gehören digitalgestützte Raum-, Text- und Netzwerkanalysen sowie zunehmend Ton- und Bildanalysen. Digitale Methoden erlauben über eine veränderte Skalierbarkeit neue Blickwinkel auf Quellen und ermöglichen so die Erforschung anderer Fragestellungen, längerer Zeiträume und größerer geographischer Gebiete. Zentral ist bei dieser Herangehensweise die unbedingte und

---

[13] Blevins, Cameron: Digital History's Perpetual Future Tense. In: Debates in the Digital Humanities. Hrsg. von Mathew K. Gold u. Lauren F. Klein. Minneapolis 2016. S. 308–324. https://dhdebates.gc.cuny.edu/read/untitled/section/4555da10–0561–42c1–9e34–112f0695f523#ch26 (04.03.2020).
[14] McCarty, Willard: Humanities Computing. Basingstoke 2005.

gründliche Kontextualisierung digitaler Daten. So ist neben *big data* jüngst *small data* in die Aufmerksamkeit der digitalen Forschenden gelangt. Gemeint ist das Umkehren des Fokus auf kleine Momente, Gesten und auf das einzelne Wort unter Zuhilfenahme digitaler Methoden.

Die quantitativen Ansätze einer „data driven history" ziehen die Hauptkritik vieler Historiker*innen auf sich, betonen sie doch die grundlegend qualitativ-interpretative Herangehensweise ihres Fachs. Man könne, so war bereits in den 1960er Jahren zu hören, komplexes menschliches Verhalten nicht auf Datenpunkte und Gleichungen reduzieren. Diesen unproduktiven Streit zwischen beiden Lagern beizulegen, gehört zu den wichtigsten gegenwärtigen Herausforderungen des Fachs. Zum einen machen Historiker*innen die ganze Zeit quantitative Aussagen, entscheidend ist, dass sie nicht für sich alleine stehen. Zum anderen versucht die digitale Geschichte, digitale *und* traditionelle Methoden zu verknüpfen und in einen fruchtbaren Dialog zu bringen. Im Fach zu diskutieren sind hier erneut die epistemologischen Änderungen, die mit dieser Form der Erkenntnisgewinnung einhergehen.

7 Interdisziplinarität, Zusammenarbeit und Teilen lernen

Digitale Geschichte kann mit fortschreitender Spezialisierung kaum noch von einer einzelnen Person durchgeführt werden. Denn zum Verstehen der Quellen und zu den Kenntnissen des Kontexts des untersuchten Gegenstands sind in Projekten mit algorithmisch anspruchsvollen Verfahren spezialisierte IT-Kenntnisse und weitere Kompetenzen notwendig. Damit werden interdisziplinäre Zusammenarbeit genau wie Formen kollektiver Forschung eher zur Regel als zur Ausnahme. Gegenwärtige Karrierestrukturen fördern jedoch Kollaboration und Gemeinschaftsprojekte eher nicht. Diese geraten für eine wissenschaftliche Karriere vielfach da zum Nachteil, wo eindeutige Zuordnung gefordert wird oder die Kompetenzen fehlen, um digitale Anteile einer Arbeit fachkundig bewerten zu können.[15] Für die Entwicklung der digitalen Geschichte ist es wichtig, hierfür gemeinsam Lösungen zu entwickeln.

Benötigt wird außerdem eine Kultur des Teilens von Daten, Methoden und Software, um in Zeiten knapper Ressourcen Doppelarbeit zu vermeiden und aus

---

[15] Siehe dazu Elwert, Frederik: Digital Humanities – Disziplinen in Konkurrenz oder Kooperation? In: A Belter's Life. Reports from the data mines on CERES. 20.02.2020. https://belter.hypotheses.org/80 (04.03.2020).

den Ergebnissen wie aus den Fehlern anderer zu lernen. Dazu muss sich zunächst die Erkenntnis durchsetzen, dass alle Historiker*innen Forschungsdaten erheben, etwa in dem sie Quellen in Archiven oder online als Foto oder Scan sammeln und exzerpieren, annotieren und transkribieren. Darauf aufbauend muss sich die Bereitstellung von Forschungsdaten soweit wie möglich nach den FAIR-Prinzipien[16] genauso als Best Practice etablieren wie das bereits genannte transparente Nachnutzen und Zitieren.

8 Digitale Geschichte lehren

Lehre im Fach Geschichte sollte die gegenwärtigen technischen, rechtlichen, ethischen, sozialen und wirtschaftlichen Rahmenbedingungen und mithin die digitale Transformation als Rückgrat unserer Gegenwart grundlegend adressieren. Nur so kann sie einen Beitrag zum Verständnis der Gegenwart leisten. Wir müssen daher gemeinsam darüber nachdenken, welche digitalen Grundkompetenzen ein zeitgemäßes Geschichtsstudium vermitteln soll und wie diese in ohnehin volle Lehrpläne eingepasst werden können. Die Ausbildung sollte so angepasst werden, dass auch Geschichtsstudierende, die später nicht in die Forschung gehen – allen voran zukünftige Lehrer*innen –, Kompetenzen erlernen, die in andere Kontexte übertragbar sind.

Zu diskutieren ist weiterhin, welche spezialisierten Kenntnisse über eine *Digital Literacy* hinaus vermittelt werden und welche Anteile dabei Informatik und Statistik einnehmen sollen. Tools oder Softwares veralten schnell, so dass der Fokus auf der Vermittlung grundlegender Konzepte der Informatik liegen sollte, vermittelt anhand von konkreten Fragestellungen. Selbst Programmieren zu können, ist aus meiner Sicht nicht für alle angehenden Historiker*innen notwendig, digitales Denken beherrschen allerdings schon. Weitere Schwerpunkte der Lehre sollten auf Methodenfragen und epistemologischen Diskussionen liegen, auf der Vermittlung von Standards, rechtlichen und ethischen Fragen und auf einer humanistischen Einstellung gegenüber Daten, ihrem Zustandekommen, ihren Lücken und ihrem Aussagewert.

Und zu klären ist schließlich, wie Lehrende angesichts enger Zeitbudgets ihren eigenen digitalen Weiterbildungsbedarf erfüllen können. Eine Möglichkeit liegt im Austausch und in der Zusammenlegung von Kompetenzen, in einem Netzwerk, das sich gegenseitig unterstützt und Hilfe leistet. Gute Praxis sollte sein, die eigenen Seminarplanungen online zu stellen.

---

16 FAIR-Principles, https://www.go-fair.org/fair-principles/ (04.03.2020).

9 Andere Publikationsformate akzeptieren

Forschungsprojekte, die digitale Methoden und Quellen einsetzen, benötigen für die Ergebnispräsentation häufig andere Formate als die bisher karriererelevanten gedruckten Monographien und Aufsätze. Im digitalen Kontext entstehen Narrative, die nicht linear sind, sondern multimodal aufgebaut und über Hypertext eine Vielzahl an Lesewegen ermöglichen. Zugleich werden mehrdimensionale Publikationsformen benötigt, die eine technisch elegante Verbindung von Narrativ, methodischer Reflexion und den zugrundeliegenden Daten genauso wie die eindeutige Zuordnung von Arbeitsteilen in kollaborativen Projekten erlaubt. Eine weitere Herausforderung digitaler Publikationen liegt in ihrer Fluidität, die Updates, Korrekturen und Versionierungen genauso ermöglichen wie Interaktion, Downloads und Nachnutzung.

Zugleich muss ein Umdenken einhergehen in Bezug darauf, was Forschungsergebnisse sind: das Zusammenstellen von Datencorpora, das Erstellen von Datenbanken, die Auszeichnung von Quellen mit XML/TEI, mehrdimensional aufbereitete Statistiken, interaktive Websites oder Karten, Podcasts, Videos, Apps, etc. Diese multimedialen und multimodalen Formate beinhalten Interpretationen, die auf einer vertieften Auseinandersetzung mit einem Gegenstand oder einer Quelle beruhen, ganz so wie andere Publikationsformen auch.

Damit digitale Geschichte ihre Potentiale entfalten kann, müssen diese Formate ihren Platz im Publikationsverzeichnis finden, als karriererelevant angesehen und die Formen der Qualitätssicherung dafür angepasst werden. Zugleich müssen Historiker*innen in der Lage sein, mit diesen digitalen Formaten zu interagieren. Zu berücksichtigen ist ebenso, dass Digital History-Projekte langfristig Ressourcen binden im Hinblick auf Bereitstellung, Pflege und Archivierung. Die momentane Entwicklung nationaler Forschungsdateninfrastrukturen (NFDI) sollte zu einer gleichmäßigen Verbreitung digitaler Chancen in dieser Hinsicht beitragen.

10 Verhältnis zur Öffentlichkeit neu bestimmen

Die Online-Welt hat das Verhältnis von Wissenschaft und Öffentlichkeit in Bezug auf Produktion, Zugang zu und Rezeption von Wissen von Grund auf geändert. Wissenschaftliche Inhalte sind – sofern sie Open Access zugänglich sind – leichter greifbar geworden. Eine direkte und kontinuierliche Kommunikation zwischen Forschenden und Öffentlichkeit etwa über partizipative Medien wie Wissenschaftsblogs ist genauso möglich wie ihr aktives Einbinden in die Forschung über Citizen Science-Projekte oder in die Finanzierung über Crowdfunding.

Durch die niedrigen Zugangs- und Produktionsschranken haben sich im Internet Texte, Audio- und Videodateien mit Bezug auf Geschichte vervielfacht. Dabei sind weitere Akteur*innen hinzugekommen, die das Diskursmonopol der professionellen Geschichtsforschenden in Frage stellen. Es verschwimmen die Grenzen zwischen Produzentin und Rezipient genauso wie zwischen Expertin und Amateur, zwischen öffentlich und privat, was nicht ohne Herausforderungen im Hinblick auf die Bewertung von Qualität und Relevanz von Forschung ist. Als weitere Herausforderung für die Wissenschaft ist eine gewisse Ernüchterung im Hinblick auf Partizipations- und Demokratisierungsversprechen eingetreten, gepaart mit Vertrauensverlust in die Wissenschaft, und es stellen sich große Herausforderungen in Bezug auf die Verletzung von Persönlichkeitsrechten, Privatsphäre, Hate Speech und Verleumdung im Netz.[17]

Die Geschichtswissenschaft muss sich mit den geänderten Rahmenbedingungen auseinandersetzen und ihren Platz in einem sich stetig verändernden System des sozialen Austauschs neu finden. Benötigt wird eine breite Diskussion, angemessene technische Lösungen sowie vor allem das Engagement und der Mut der Historiker*innen, sich am öffentlichen Diskurs zu beteiligen und umgekehrt die Öffentlichkeit an Forschung teilnehmen zu lassen. Wissenstransfer sollte Karriererelevanz erhalten, denn er ist in Zeiten von Fake News wichtiger denn je.[18]

Ebenso müssen Historiker*innen gesellschaftlich relevante Fragestellungen vorantreiben und diskutieren, um die Bedeutung der Geisteswissenschaften in Zeiten der Neo-Liberalisierung der Forschung zu stärken.[19] Dabei ist die Balance zu finden, um Vereinfachungen zu vermeiden, die Unabhängigkeit der Forschung zu bewahren und sich nicht im Kampf um öffentliche Aufmerksamkeit zu verlieren.

---

[17] Weingart, Peter [u.a.] (Hrsg.): Perspektiven der Wissenschaftskommunikation im digitalen Zeitalter. Velbrück 2017.
[18] Siehe dazu den Beitrag von Angela Siebold in diesem Band.
[19] Siehe dazu den Beitrag von Cord Arendes in diesem Band.

Ausblick

Die Beiträge in diesem Band decken nicht alle Felder ab, die verstärkte Aufmerksamkeit unter all jenen verdienen, die in und mit der Geschichtswissenschaft arbeiten. Das gilt zum Beispiel für das Verhältnis zwischen Geschichtswissenschaft und Geschichtsdidaktik. Die Geschichte und die Geschichtsdidaktik haben sich viel zu sagen, das wird in dem sich ausbreitenden Feld Public History besonders deutlich. Geschichte wird nicht nur in der Schule vermittelt und Theorieangebote zur Geschichtskultur, zum historischen Lernen oder zur historischen Sinnbildung sollten auch die Vertreter*innen der Fachwissenschaft interessieren. Die Geschichtsdidaktik hat hier Wesentliches geleistet, findet jenseits der Public History aber wenig Gehör. Ein forcierter Austausch über die Lehramtsausbildung ist angesichts der Reformen im schulischen Bereich und der damit einhergehenden Bedrohung für das Schulfach Geschichte ohnehin angeraten und notwendig. Gemeinsam ließen sich aber auch Fragen einer fachbezogenen Hochschuldidaktik Geschichte diskutieren, die Beiträge leisten könnte für die Weiterentwicklung der Hochschullehre an Historischen Seminaren.

Ein weiteres Thema, das in diesem Band nur indirekt angesprochen wird, ist die Frage, wie (un)politisch Geschichtswissenschaft sein kann und darf. Hier verweisen wir auf die bereits laufenden Diskussionen im Verband der Historiker und Historikerinnen Deutschlands (VHD) und darüber hinaus und sehen mit Interesse und Freude, dass in und mit Geschichte gestritten wird. Muss sich jede*r Historiker*in im Feld der eigenen Expertise spätestens dann einmischen, wenn Geschichte funktional einseitig erzählt wird und verfälschend oder verzerrt aus geschichtspolitischen Motiven zum Einsatz kommt? Gibt es neben dem bekannten Vetorecht der Quellen auch eine Veto-Pflicht der Historiker*in im Bereich der eigenen Fachexpertise? Eine aktive Teilnahme an der öffentlichen Geschichtskultur steht jedenfalls auch Historiker*innen offen, die ihre Forschungsaktivitäten streng dem Neutralitätsprinzip unterstellen. Was darüber hinaus noch möglich oder nötig ist, wird Gegenstand laufender und zukünftiger Debatten sein, an denen sich hoffentlich möglichst viele Geschichtswissenschaftler*innen beteiligen.

Auch über die institutionellen Organisationsformen universitärer Geschichte hätten wir gern einen Beitrag aufgenommen. Die massiven Strukturreformen der letzten Jahrzehnte haben die Organisationsformen und -praktiken von Forschung und Lehre nachhaltig verändert – nicht immer zum Guten. Über Formen und Auswirkungen des New Public Managements (NPM), den Sinn und Unsinn neoliberaler Steuerungswerkzeuge und das Verhältnis von Exzellenz und Grundversorgung muss zukünftig noch sehr viel mehr gesprochen werden, weil davon die

Arbeitsbedingungen der universitären Geschichtsschreibung ganz grundlegend betroffen sind. Ob und inwiefern sich hier auch feudale Machtstrukturen identifizieren und kritisieren lassen und wie diese gegebenenfalls zu überwinden wären, muss anderswo diskutiert werden. Die Junge Akademie hat mit den Vorschlägen von Jule Specht, Christian Hof, Julia Tjus, Wolfram Pernice und Ulrike Endesfelder bereits 2017 einen richtungsweisenden Diskussionsbeitrag zur Einrichtung von Departments vorgelegt.

Es gibt zahlreiche Themen, die einer wachsenden Zahl an Historiker*innen gegenwärtig unter den Nägeln brennen. Wir hoffen, mit den vorgelegten Beiträgen zumindest einige neuralgische Punkte zu treffen. Dabei möchten wir unsere Ausführungen nicht allein als Kritik verstanden wissen, sondern als Interventionen und Anregungen, über die in Zukunft produktiv diskutiert werden kann. Uns allen liegt die universitäre Geschichte am Herzen und wir sind davon überzeugt, dass nicht weniger, sondern mehr Geschichte ein Weg ist, um die vor uns liegenden Herausforderungen im Fach und darüber hinaus zu bewältigten. Dabei sollten wir uns nicht nur die Frage stellen, welche Geschichte(n) wir erzählen wollen, sondern auch, wie und unter welchen Arbeitsbedingungen, wem und in welchen Medien wir sie erzählen möchten – davon hängt nicht zuletzt die Zukunft der Geschichtswissenschaft ab.

Die Autor*innen

Cord Arendes ist Zeithistoriker. Zu seinen Schwerpunkten in Forschung und Lehre zählen unter anderen die Public History, (Audio-)Visuelle Aspekte der Geschichtswissenschaft, Historische Ausstellungen und andere Formen der öffentlichen Präsentation und Vermittlung von Geschichte und Kulturellem Erbe, das Forschende Lernen im Geschichtsstudium sowie die politisch-justizielle Auseinandersetzung mit der NS-Diktatur in Deutschland und Europa. Seit 2012 ist er Inhaber der Professur für Angewandte Geschichtswissenschaft – Public History an der Universität Heidelberg.

Karoline Döring ist Historikerin, Projektmanagerin und Schreibberaterin. Sie forscht zur mittelalterlichen und frühneuzeitlichen Geschichte, liebt Projekte, schreibt gern und viel, ist *digital enthusiast* und Open-Access-Fan, engagiert sich in der Vermittlung von Geschichte innerhalb und außerhalb der Universität und streitet für bessere Arbeitsbedingungen im Wissenschaftsbetrieb. Aktuell koordiniert sie an der Ludwig-Maximilians-Universität München ein DFG-Projekt, das den Aufbau einer interdisziplinären Open Access-Publikationsinfrastruktur für die Mittelalterforschung zum Ziel hat.

Claudia Kemper ist Zeithistorikerin und arbeitet derzeit für die Handelskammer Hamburg an einem Projekt über die Kammer während der NS-Zeit. Zu ihren Arbeitsschwerpunkten zählt die Geschichte von Organisationen, Sozialen Bewegungen, Konfliktbewältigungen, Wissen, Experten, Medien und Geschlecht.

Mareike König ist Historikerin mit Schwerpunkt 19. Jahrhundert sowie wissenschaftliche Bibliothekarin. Sie leitet die Abteilung Digital Humanities und die Bibliothek am Deutschen Historischen Institut Paris und ist derzeit Sprecherin der AG Digitale Geschichtswissenschaft im VHD. Zu ihren Arbeitsschwerpunkten gehören Digitale Geschichte, Wissenschaftskommunikation in sozialen Medien und Deutsch-französische Geschichte 1870–1914. Sie leitet außerdem die Redaktion des deutschsprachigen Blogportals für die Geisteswissenschaften de.hypotheses.org.

Thorsten Logge ist Historiker. Seine Arbeitsschwerpunkte sind Public History, Nation und Nationalismus, die Medien der Geschichte und Geschichtspanoramen im 19. und 20. Jahrhundert. Seit 2017 vertritt er als Juniorprofessor das Arbeitsfeld Public History am Fachbereich Geschichte der Universität Hamburg, das er zuvor mit aufgebaut hat.

Angela Siebold ist Zeithistorikerin an der Goethe-Universität Frankfurt am Main. Dort koordiniert sie unter anderem Maßnahmen zur Verbesserung der Lehre. Darüber hinaus engagiert sie sich im Bereich der Public History und der historischen Bildungsarbeit. Ihre thematischen Schwerpunkte in Forschung und Lehre sind die Beziehungen zwischen West- und Osteuropa, die europäische Migrationsgeschichte im 20. Jahrhundert sowie die Geschichte der europäischen Integration. Publikationen von ihr sind unter anderem zur Zäsur 1989, zu den deutsch-polnischen Beziehungen, zur Geschichte des Schengener Abkommens und zur Geschichte des Freiheitsdenkens erschienen.

Nina Verheyen ist Kulturhistorikerin mit Schwerpunkt auf dem 19. und 20. Jahrhundert. Sie hat zur Geschichte alltäglicher Diskussionslust, über Männlichkeit und Emotionalität sowie über

Praktiken der Leistungszuordnung und über Leistungsgefühle geforscht. Sie ist Habilitandin an der Universität zu Köln und Mercator-Research-Fellow am Kulturwissenschaftlichen Institut Essen.

Literaturverzeichnis

Alterman, Eric: The Decline of Historical Thinking. The New Yorker. 04.02.2019. https://www.newyorker.com/news/news-desk/the-decline-of-historical-thinking.
Ambrasat, Jens: Bezahlt oder unbezahlt? Überstunden im akademischen Mittelbau. In: Forschung & Lehre. 2/2019. S. 152–154.
Ambrasat, Jens, u. Heger, Christophe: Forschung, Lehre und Selbstverwaltung – Tätigkeitsprofile in der Wissenschaft. DZHW-Brief. 04 (2019). https://www.dzhw.eu/pdf/pub_brief/dzhw_brief_04_2019.pdf.
Anderson, Ian: History and Computing. In: Making history. The changing face of the profession in Britain. 2008. https://archives.history.ac.uk/makinghistory/resources/articles/history_and_computing.html.
Arendes, Cord u. Siebold, Angela: Zwischen akademischer Berufung und privatwirtschaftlichem Beruf. Für eine Debatte um Ethik- und Verhaltenskodizes in der historischen Profession. In: Geschichte in Wissenschaft und Unterricht. 66 (2015). S. 152–166.
Aretin, Karl-Otmar von: Wer soll die deutsche Geschichte schreiben? Über Wissenschaftlichkeit und Lesbarkeit – Die Historiker und die Praxis. In: Frankfurter Allgemeine Zeitung. 04.10.1979. S. 23.
Aulenbacher, Martin [u. a.] (Hrsg.): Öffentliche Soziologie. Wissenschaft im Dialog mit der Gesellschaft. Frankfurt am Main u. New York 2017.
Baets, Antoon de: Responsible History. New York 2009.
Baier, Walter u. Canepa, Eric [u. a.] (Hrsg): The Radical Left in Europe. Rediscovering Hope. Transform! London 2019.
Bauer, Christoph u. Brüchert, Oliver [u. a.] (Hrsg.): Hochschule im Neoliberalismus. Kritik der Lehre und des Studiums aus Sicht Frankfurter Studierender und Lehrender. Frankfurt am Main 2010. https://ffmdieunibrennt.files.wordpress.com/2012/08/reader_hochschuleimneoliberalismus.pdf.
Bauer, Christoph: Lehr- und Forschungsbedingungen heute. Prekäre Arbeitsbedingungen in Lehre und Forschung. In: Hochschule im Neoliberalismus. Kritik der Lehre und des Studiums aus Sicht Frankfurter Studierender und Lehrender. Hrsg. von Christoph Bauer u. Oliver Brüchert. Frankfurt am Main 2010. S. 53–63.
Benedikter, Roland: Die Zukunft der Sozialwissenschaft. Worauf der deutsche Sprachraum sich einstellen sollte. Baden-Baden 2019.
Berger, Stefan: Introduction. Historical Writing and Civic Engagement. A Symbiotic Relationship. In: The Engaged Historian. Perspectives on the Intersections of Politics, Activism and Historical Profession. Hrsg. von Stefan Berger. New York u. Oxford 2019. S. 1–31.
Bernet, Brigitta: Die Welt des Historikers um 1970: „Der Käse und die Würmer" von Carlo Ginzburg. In: Geschichte der Gegenwart. Juli 2019. https://geschichtedergegenwart.ch/.
Biess, Frank: Republik der Angst. Die andere Geschichte der Bundesrepublik. Hamburg 2019.
Binner, Kristina [u. a.] (Hrsg.): Die unternehmerische Hochschule aus der Perspektive der Geschlechterforschung. Zwischen Aufbruch und Beharrung. Münster 2013.
Blaschke, Olaf: Verleger machen Geschichte. Buchhandel und Historiker seit 1945 im deutsch-britischen Vergleich. Göttingen 2010.

Blevins, Cameron: Digital History's Perpetual Future Tense. In: Debates in the Digital Humanities. Hrsg. von Mathew K. Gold [u. a.]. Minneapolis 2016. S. 308–324. https://dhdebates.gc.cuny.edu/read/untitled/section/4555da10–0561–42c1–9e34–112f0695f523#ch26.

Böhmer, Susan [u. a.]: Wissenschaftler-Befragung 2010. Forschungsbedingungen von Professorinnen und Professoren an deutschen Universitäten. iFQ-Working Paper No. 8. Berlin 2011. http://www.forschungsinfo.de/publikationen/download/working_paper_8_2010.pdf.

Börsenverein des deutschen Buchhandels: Verleger-Ausschuss: Warengruppensystematik neu (WGSneu) – Version 2.0. Einheitlicher Branchenstandard ab 1. Januar 2007. Stand: 16.07.2006. https://vlb.de/assets/images/wgsneuversion2_0.pdf.

Borowsky, Peter [u. a.]: Einführung in die Geschichtswissenschaft I. Grundprobleme, Arbeitsorganisation, Hilfsmittel. 5. Aufl. Opladen 1989.

Bösch, Frank (Hrsg.): Wege in die digitale Gesellschaft. Computernutzung in der Bundesrepublik 1955–1990. Göttingen 2018.

Bruch, Rüdiger vom: Vom Bildungsgelehrten zum wissenschaftlichen Fachmenschentum: zum Selbstverständnis deutscher Hochschullehrer im 19. und 20. Jahrhundert. In: Von der Arbeiterbewegung zum modernen Sozialstaat. Hrsg. von Jürgen Kocka [u. a.]. München 1994. S. 582–601.

Brügger, Niels: The Archived Web. Doing History in the Digital Age. Cambridge 2018.

Bundesministerium für Bildung und Forschung (BMBF) (Hrsg.): Grundsatzpapier zur Wissenschaftskommunikation. https://www.bmbf.de/upload_filestore/pub/Grundsatzpapier_zur_Wissenschaftskommunikation.pdf.

Dohmen, Dieter u. Wrobel, Lena: Entwicklung der Finanzierung von Hochschulen und Außeruniversitären Forschungseinrichtungen seit 1995. Endbericht einer Studie für Deutscher Hochschulverband. Berlin 2018. https://www.hochschulverband.de/fileadmin/redaktion/download/pdf/FiBS_DHV_Hochschulfinanzierung_180328_final.pdf.

Döring, Karoline: Wollen wir wirklich BeStI(e)n sein? Ein Plädoyer an und gegen „den wissenschaftlichen Nachwuchs". In: Mittelalter. Interdisziplinäre Forschung und Rezeptionsgeschichte. 13. Februar 2017. https://mittelalter.hypotheses.org/9774.

Droste, Peter Johannes u. Bongertmann, Ulrich: Ein aktueller Überblick über den Geschichtsunterricht im föderalen System der Bundesrepublik Deutschland. 15.07.2017. https://blog.historikerverband.de/2017/07/15/ein-aktueller-ueberblick-ueber-den-geschichtsunterricht-im-foederalen-system-der-bundesrepublik-deutschland/.

Droysen, Johann Gustav: Über die wissenschaftlich-praktischen Studien der Studenten an den deutschen Universitäten vorzüglich im Fach Geschichte (1869). In: Historik. Historisch-kritische Ausgabe. Hrsg. von Peter Leyh, u. Horst Walter Blanke. Band 2.2. Stuttgart-Bad Cannstatt 2007. S. 497–510.

Elwert, Frederik: Digital Humanities – Disziplinen in Konkurrenz oder Kooperation? In: A Belter's Life. Reports from the data mines on CERES. 20.02.2020. https://belter.hypotheses.org/80.

Epple, Angelika: Empfindsame Geschichtsschreibung. Eine Geschlechtergeschichte der Historiographie zwischen Aufklärung und Historismus. Köln 2003.

Felken, Detlev: Die Geschichtskultur und das „mittlere Buch". Anmerkungen zur Lage der historischen Literatur. In: Geschichtswissenschaft und Buchhandel in der Krisenspirale? Hrsg. von Olaf Blaschke u. Hagen Schulze. München 2006. S. 211–220.

Fickers, Andreas: Digitale Metaquellen und doppelte Reflexivität. In: H-Soz-Kult. 26.01.2016. https://www.hsozkult.de/debate/id/diskussionen-2954.

Flinders, Matthew: The Tyranny of Relevance and the Art of Translation. In: Political Studies Review. 11/2 (2013). S. 149–167.

Franzen, Martina [u. a.]: Exploring the Impact of Science Communication on Scientific Knowledge Production: An Introduction. In: The Sciences' Media Connection – Public Communication and its Repercussions. Sociology of the Sciences Yearbook 28 (2011). Hrsg. von Martina Franzen [u. a.]. https://doi.org/10.1007/978-94-007-2085-5_1.

Franzen, Martina u. Rödder, Simone: Die Herstellung und Darstellung von Wissen unter Medialisierungsbedingungen. Eine vergleichende Betrachtung von Mathematik, Zeitgeschichte und Molekularbiologie. In: Neue Governance in der Wissenschaft. Reorganisation – externe Anforderungen – Medialisierung. Hrsg. von Edgar Grande [u. a.]. Bielefeld 2013. S. 337–361.

Franzen, Martina: Grenzen der wissenschaftlichen Autonomie. Zur Eigengesetzlichkeit von Publikationskulturen. In: Autonomie revisited – Beiträge zu einem umstrittenen Grundbegriff in Wissenschaft, Kunst und Politik. Sonderband 2 der Zeitschrift für Theoretische Soziologie (ZTS) (2014), S. 374–399.

Fulda, Daniel: Wissenschaft aus Kunst. Die Entstehung der modernen deutschen Geschichtsschreibung 1760–1860. Berlin u. New York 1996.

Ginzburg, Carlo: Der Käse und die Würmer. Die Welt eines Müllers um 1600. Frankfurt am Main 1979.

Goltermann, Svenja: Opfer – Die Wahrnehmung von Krieg und Gewalt in der Moderne. Frankfurt am Main 2017.

Gooding, Paul: Historic Newspapers in the Digital Age. „Search all about it". London 2017.

Goodwin, Bernhard: Denken wir mal über Befristungen nach. Vermeintliche Argumente gegen Dauerstellen. In: DDS. Zeitschrift der Gewerkschaft Erziehung und Wissenschaft Landesverband Bayern. September 2019. S. 3–4.

Graham, Shawn [u. a.]: Exploring Big Historical Data. The Historian's Macroscope. London 2016.

Groebner, Valentin: Wissenschaftssprache. Eine Gebrauchsanweisung. Konstanz 2018.

Habermas, Jürgen: Über die Idee der Universität. Lernprozesse. In: Eine Art Schadensabwicklung. Hrsg. von Jürgen Habermas. Frankfurt am Main 1987. S. 73–99.

Hagemann, Karen: Gleichberechtigt? Frauen in der bundesdeutschen Geschichtswissenschaft. In: Zeithistorische Forschungen/Studies in Contemporary History. 13 (2016) H. 1. S. 108–135. https://zeithistorische-forschungen.de/1-2016/5333.

Hahnemann, Andy u. Oels, David (Hrsg.): Sachbuch und populäres Wissen im 20. Jahrhundert. Frankfurt am Main 2008.

Hardtwig, Wolfgang u. Schütz, Erhard (Hrsg.): Geschichte für Leser. Stuttgart 2005.

Hark, Sabine u. Villa, Paula-Irene (Hrsg.): Anti-Genderismus. Sexualität und Geschlecht als Schauplätze aktueller politischer Auseinandersetzungen. Frankfurt am Main 2015.

Hark, Sabine: Vom Erfolg überholt? Feministische Ambivalenzen der Gegenwart. In: Erfolg. Konstellationen und Paradoxien einer gesellschaftlichen Leitorientierung. Sonderband, Leviathan (2014) 42/29. Hrsg. von Dennis Hänzi [u. a.]. S. 76–91.

Heimpel, Hermann: Über Organisationsformen historischer Forschung in Deutschland. In: Historische Zeitschrift. 189 (1959). H. 3. S. 139–222.
Henke, Justus [u.a.]: Viele Stimmen, kein Kanon. Konzept und Kommunikation der Third Mission von Hochschulen. Halle-Wittenberg 2015. S. 36–41.
Herzog, Marius: Karriere in der Lehre? Die Lehrorientierung wissenschaftlicher Mitarbeiter und ihre Bedeutung für die Wettbewerbsarena Lehre. In: Die Hochschule. Journal für Wissenschaft und Bildung. 21 (2012). H. 2. S. 233–244
Hirschi, Caspar: Große Männerbücher: Annäherungen an das historische „Crossover Book". In: „Gelesene Literatur". Text + Kritik Sonderband 2018. Hrsg. von Steffen Martus u. Carlos Spoerhase. S. 30–44.
Hitchcock, Tim: Academic History Writing and its Disconnects. In: Journal of Digital Humanities. 1 (2011). H. 1. http://journalofdigitalhumanities.org/1–1/academic-history-writing-and-its-disconnects-by-tim-hitchcock/.
Hitzer, Bettina: Krebs fühlen. Eine Emotionsgeschichte des 20. Jahrhunderts. Stuttgart 2020.
Hochschulrektorenkonferenz: Entschließung 23. Mitgliederversammlung, Potsdam, 14.11.2017: Transfer und Kooperation als Aufgaben der Hochschulen. https://www.hrk.de/positionen/beschluss/detail/transfer-und-kooperation-als-aufgaben-der-hochschulen/.
Hockerts, Hans Günter: Zeitgeschichte in Deutschland. In: Historisches Jahrbuch. 113 (1993). S. 98–127.
Hodenberg, Christina von: Das andere Achtundsechzig. Gesellschaftsgeschichte einer Revolte. München 2018.
Jaeger, Friedrich u. Rüsen, Jörn: Geschichte des Historismus. München 1992.
Jorzik, Bettina (Hrsg.): Charta guter Lehre. Grundsätze und Leitlinien für eine bessere Lehrkultur. Essen 2013.
Kantsteiner, Wulf: Argumentation, Beschreibung und Erzählung in der wissenschaftlichen Historiographie. In: Historisierung der Historik. Jörn Rüsen zum 80. Geburtstag. Hrsg von Thomas Sandkühler u. Horst Walter Blanke. Köln 2018. S. 151–168.
Kleimann, Bernd u. Hückstädt, Malte: Auswahlkriterien in Berufungsverfahren: Universitäten und Fachhochschulen im Vergleich. In: Beiträge zur Hochschulforschung. 40 (2018). H. 2. S. 20–46.
Kocka, Jürgen [u.a.] (Hrsg.): Von der Arbeiterbewegung zum modernen Sozialstaat. München 1994.
König, Mareike: Geschichtsforschung und Archive im digitalen Zeitalter: Chancen, Risiken und Nebenwirkungen. In: Archivar. Zeitschrift für Archivwesen. 73 (2020). H. 2.
Konsortium Bundesbericht Wissenschaftlicher Nachwuchs (BuWiN): Bundesbericht Wissenschaftlicher Nachwuchs 2017. Statistische Daten und Forschungsbefunde zu Promovierenden und Promovierten in Deutschland. https://www.bmbf.de/files/buwin_2017.pdf.
Kühl, Stefan: „Die deregulierte Hochschule ist ein Mythos". In: Forschung & Lehre. 4/2019. https://www.forschung-und-lehre.de/management/die-deregulierte-hochschule-ist-ein-mythos-2331/.
Lamprecht, Marcus: Qualitätspakt Lehre weiterentwickeln, Lehre stärker wertschätzen. Beschluss der 61. Sitzung des Ausschusses der Student*innenschaften (AS) des fzs am 7. April 2019. https://www.fzs.de/2019/05/04/qualitaetspakt-lehre-weiterentwickeln-lehre-staerker-wertschaetzen/.

Laufenberg, Mike [u. a.]: Prekäre Gleichstellung: Geschlechtergerechtigkeit, soziale Ungleichheit und unsichere Arbeitsverhältnisse in der Wissenschaft. Wiesbaden 2018.
Leo, Per: Der Narr von eigenen Gnaden. Götz Aly und die deutsche Geschichtswissenschaft. In: Ästhetik und Kommunikation. 129/130 (2005). S. 185–193.
Lepore, Jill: Diese Wahrheiten. Eine Geschichte der Vereinigten Staaten von Amerika. München 2019.
Leßmöllmann, Annette [u. a.] (Hrsg.): Science Communication. Boston u. Berlin 2020.
Logge, Thorsten: Vergessene Lehren? Ansätze zur Projektarbeit in der Geschichtswissenschaft an der Universität Hamburg in den 1970er Jahren. In: Projektlehre im Geschichtsstudium. Verortungen, Praxisberichte und Perspektiven (Doktorandenbildung neu gestalten 5). Hrsg. von Ulrike Senger u. Yvonne Robel: Bielefeld 2015. S. 32–47.
Lücke, Martin u. Zündorf, Irmgard: Einführung in die Public History. Göttingen 2018.
Martus, Steffen u. Spoerhase, Carlos: Gelesene Literatur in der Gegenwart. In: „Gelesene Literatur". Text + Kritik Sonderband. 2018. Hrsg. von Steffen Martus u. Carlos Spoerhase. S. 7–17.
Martus, Steffen u. Spoerhase, Carlos (Hrsg.): „Gelesene Literatur". Text + Kritik Sonderband. 2018.
McCarty, Willard: Humanities Computing. Basingstoke 2005.
Mende, Silke: Das „mittlere Buch" und seine Möglichkeiten. In: Journal of Contemporary History / Zeitschrift für moderne europäische Geschichte / Revue d'histoire européenne contemporaine. 14 (2016). S. 15–19.
Müller, Philipp: Erkenntnis und Erzählung. Ästhetische Geschichtsdeutung in der Historiographie von Ranke, Burckhardt und Taine. Köln 2008.
Müller-Hilke, Brigitte: Leistungsorientierte Mittelvergabe: Mehr Geld zur Lehre lenken. In: Deutsches Ärzteblatt. 110 (2013), H. 50. S. A2418–A2420.
Neun, Oliver: Öffentliche Soziologie. Baden-Baden 2019.
Nieto-Galan, Agustí: Science in the Public Sphere. A History of Lay Knowledge and Expertise. London u. New York 2016.
Nissen, Martin: Historische Sachbücher – Historische Fachbücher: Der Fall Werner Maser. In: History goes Pop. Zur Repräsentation von Geschichte in populären Medien und Genres. Hrsg. von Barbara Korte [u. a.]. Bielefeld 2009. S. 103–120.
Nissen, Martin: „Wir, die Historiker und Biographen". Zur Gattungspoetik des historischen Sachbuchs. In: Sachbuch und populäres Wissen im 20. Jahrhundert. Hrsg. von Andy Hahnemann u. David Oels. Frankfurt am Main 2008. S. 39–51.
Oels, David: „... was ein Sachbuch eigentlich ist." Mainz 2013. https://publications.ub.uni-mainz.de/opus/volltexte/2013/3536/pdf/3536.pdf.
Ohm, Britta: Exzellente Entqualifizierung. Das neue akademische Prekariat. In: Blätter für deutsche und internationale Politik. 61 (2016). H. 8. S. 109–120.
Pörksen, Bernhard: Die Angst des Geisteswissenschaftlers vor den Medien. In: POP. 1/1 (2012). S. 21–25.
Petersen, Thomas: Forschungsfreiheit an deutschen Universitäten. Ergebnisse einer Umfrage unter Hochschullehrern. 2020. https://www.hochschulverband.de/fileadmin/redaktion/download/pdf/presse/Allensbach-Praesentation.pdf.
Putnam, Lara: The Transnational and the Text-Searchable: Digitized Sources and the Shadows They Cast. In: American Historical Review. 121 (2016). H. 2. S. 377–402.

Ramming, Jochen: Kulturwissenschaft als Dienstleistung. Zur Wertermittlung und Wertschätzung kulturwissenschaftlicher Arbeit. https://www.kulturmanagement.net/dlf/064cba0f22b6b820cd57e3c815b02177,2.pdf.

Raphael, Lutz u. Doering-Manteuffel, Anselm: Nach dem Boom. Perspektiven auf die Zeitgeschichte seit 1970. Göttingen 2008.

Reinmann, Gabi: Wettbewerb?! Die geplante Organisation für Innovationen in der Hochschullehre. In: Forschung & Lehre. 9/2019. S. 812.

Rohlfes, Joachim: Geschichte in der Öffentlichkeit. In: Geschichte in Wissenschaft und Unterricht. 29 (1978). S. 307–311.

Rublack, Ulinka: Der Astronom und die Hexe. Johannes Kepler und seine Zeit. Stuttgart 2018.

Rygiel, Philippe: Historiens à l'âge numérique. Paris 2017.

Sandkühler, Thomas u. Blanke, Horst Walter (Hrsg.): Historisierung der Historik. Jörn Rüsen zum 80. Geburtstag. Köln 2018.

Schlotheuber, Eva: „Weiter so" der Geschichtswissenschaften? Zu Situation, Rolle und Aufgaben des Faches im Wissenschaftssystem. In: VHD-Journal. Nr. 8 (2019). S. 4–6.

Schomburg, Harald [u.a.]: Wandel von Lehre und Studium an deutschen Hochschulen. Erfahrungen und Sichtweisen der Lehrenden. Kassel 2012. https://www.hrk-nexus.de/uploads/media/HRK_nexus_LESSI.pdf.

Senger, Ulrike [u.a.] (Hrsg.): Projektlehre im Geschichtsstudium. Verortungen, Praxisberichte und Perspektiven (Doktorandenbildung neu gestalten 5). Bielefeld 2015.

Smith, Rogers M.: Political Science and the Public Sphere Today. In: Perspectives on Politics. 13 (2015) H. 2. S. 366–376.

Specht, Jule u. Hof, Christian [u.a.]: Departments statt Lehrstühle: Moderne Personalstruktur für eine zukunftsfähige Wissenschaft. Debattenbeitrag der AG Wissenschaftspolitik der Jungen Akademie 2017. https://www.diejungeakademie.de/fileadmin/user_upload/Dokumente/aktivitaeten/wissenschaftspolitik/stellungnahmen_broscheuren/JA_Debattenbeitrag_Department-Struktur.pdf.

Statistisches Bundesamt (Destatis): Studierende an Hochschulen – Fachserie 11 Reihe 4.1. Wintersemester 2018/19 (Korrigierte Version vom 1. November 2019). https://www.destatis.de/DE/Themen/Gesellschaft-Umwelt/Bildung-Forschung-Kultur/Hochschulen/Publikationen/Downloads-Hochschulen/studierende-hochschulen-endg-2110410197004.html.

Statistisches Bundesamt (Destatis): Personal an Hochschulen 2017 – Fachserie 11, Reihe 4.4 (24.09.2018). https://www.statistischebibliothek.de/mir/servlets/MCRFileNodeServlet/DEHeft_derivate_00041050/2110440177004.pdf (13.02.2020).

Stifterverband (Hrsg.): Transfer-Audit. Ein Service zur Weiterentwicklung der Kooperationsstrategien von Hochschulen mit externen Partnern. http://www.stifterverband.org/transfer-audit.

Süßmann, Johannes: Geschichtsschreibung oder Roman? Zur Konstitutionslogik von Geschichtserzählungen zwischen Schiller und Ranke (1780–1824). Stuttgart 2000.

Thomä, Dieter: Warum Demokratien Helden brauchen. Plädoyer für einen zeitgemäßen Heroismus. Berlin 2019.

Ullrich, Peter und Reitz, Tilman: Raus aus der prekären Mobilität. In: Forum Wissenschaft. 2 (2018), S. 23–24. http://dx.doi.org/10.14279/depositonce-7173.

Ullrich, Peter: In Itself, But Not Yet For Itself – Organising the New Academic Precariat. In: The Radical Left in Europe. Rediscovering Hope. Transform! Hrsg. von Walter Baier [u.a.].

London 2019. S. 155–166. https://depositonce.tu-berlin.de/bitstream/11303/9514/3/ullrich_peter_2019.pdf.

Ullrich, Peter: Prekäre Wissensarbeit im akademischen Kapitalismus: Strukturen, Subjektivitäten und Organisierungsansätze in Mittelbau und Fachgesellschaften. In: Soziologie. 45 (2016). S. 388–411. http://dx.doi.org/10.14279/depositonce-5919.

Ulrichs, Hans-Georg: Zur Verantwortung der Kirchengeschichtsschreibung für Opfer der Kirche. Einige Erwägungen für eine noch zu führende Diskussion. In: Jahrbuch für badische Kirchengeschichte. 12 (2018). S. 145–159.

Verband der Historiker und Historikerinnen Deutschlands (VHD): Resolution des Verbandes der Historiker und Historikerinnen Deutschlands zu gegenwärtigen Gefährdungen der Demokratie, verabschiedet von der Mitgliederversammlung am 27. Sept. 2018 in Münster. https://www.historikerverband.de/verband/stellungnahmen/resolution-zu-gegenwaertigen-gefaehrdungen-der-demokratie.html.

Wagner, Gerald: Talente für die Lehre? In: Frankfurter Allgemeine Zeitung. 20.06.2018. https://www.faz.net/aktuell/karriere-hochschule/eine-studie-zur-berufungspraxis-an-den-hochschulen-15647092.html.

Weber, Christian: Sex, Fliegen, Ruhm. Wissenschaftler quer durch die Disziplinen buhlen um Aufmerksamkeit. In: Süddeutsche Zeitung. 26.06.2014. S. 24.

Weber, Max: Wissenschaft als Beruf. Stuttgart 1999.

Weihs, Claus [u.a.]: Arbeitszeiten von Professorinnen und Professoren in Deutschland 2016. In: AStA Wirtschafts- und Sozialstatistisches Archiv. 12 (2018). https://doi.org/10.1007/s11943-018-0227-y.

Welzer, Harald: Alles könnte anders sein. Eine Gesellschaftsutopie für freie Menschen. Frankfurt am Main 2019.

Weingart, Peter [u.a.] (Hrsg.): Perspektiven der Wissenschaftskommunikation im digitalen Zeitalter. Velbrück 2017.

Wiarda, Jan-Martin: Worüber Professoren sich Gedanken machen. 13.02.2020. https://www.jmwiarda.de/2020/02/13/worüber-sich-professoren-gedanken-machen/.

Winters, Jane: Reflections on the past, present and future of digital archives. Vortrag am 18.9.2019 am C2DH, Luxemburg. https://www.c2dh.uni.lu/data/lecture-jane-winters-reflections-past-present-and-future-digital-archives-recording-and.

Wissenschaftsrat (Hrsg.): Wissens- und Technologietransfer als Gegenstand institutioneller Strategien. https://www.wissenschaftsrat.de/download/archiv/5665-16.pdf?__blob=publicationFile&v=3.

Wissenschaftsrat (Hrsg.): Strategien für die Hochschullehre. Positionspapier. Halle (Saale) 2017. https://www.wissenschaftsrat.de/download/archiv/6190-17.pdf;jsessionid=808EF43CBF6894886D90A1724BDCC84D.delivery2-master?__blob=publicationFile&v=3.

Würmann, Cord: Lehrbeauftragte, Rechtlicher Rahmen und Hintergrundinformationen. Mit einem Positionspapier der GEW. 31.07.2015. https://www.gew.de/aktuelles/detailseite/neuigkeiten/lehrbeauftragte-rechtlicher-rahmen-und-hintergrundinformationen.

www.ingramcontent.com/pod-product-compliance
Lightning Source LLC
Chambersburg PA
CBHW020130010526
44115CB00008B/1059